딱 1년만
말투를 바꿔 보자

369일 긍정 확언

딱 1년만
말투를 바꿔 보자

369일 긍정 확언

엄남미 지음

세상에서 가장 위대한 성공을
거둔 사람들은
매일 아침 이 책을 펼친다.
-
오프라 윈프리와 마이클 싱어가
강력하게 추천하는 책!
-
매일 루이스 헤이가 읽은 책!
-
전세계 백만장자들은
매일 아침 이 책을 읽는다!

평생 행복하고 풍요로운 삶을 살고자 하는
성장하는 사람들에게 이 책을 바친다.
이 책을 매일 읽고 쓴다면,
1년 후에 여러분은 행복하고 풍족하게 될 것이다.

PROLOGUE

험한 말투는 사람의 영혼을 갉아먹는다. 흥하는 말의 씨앗인 긍정 확언은 좋은 에너지를 주변에 퍼뜨려 좋은 세상을 만든다. 오늘날 말로 입은 상처로 평생 지울 수 없는 감정의 무기력함을 호소하는 사람들이 많다. 말로 입은 상처는 타인에게나 자신에게나 평생 칼로 입은 상처보다 더 크게 남는다. 나도 모르게 막말을 할 수도 있다. 그러나 그럴 때는 그 즉시 좋은 말을 33번 반복한다. 그래야 부정성이 상쇄된다. 다른 사람들에게 좋은 말을 해 주지 못할 것 같으면 차라리 침묵하는 것이 좋다. 대신에 그 사람에 대한 장점과 칭찬할 말을 하는 것이 정신 건강에 좋다.

만약 미워하는 사람이 있다면 그 사람에 대한 감사한 점을 100가지 적어 보자. 반드시 장점이 많을 것이다. 미워하기 전에 그 사람의 이름을 적어 보고, 그 옆에 미워하는 사람의 장점 100가지를 적어 보자. 이 연습은 우리의 감정을 긍정으로 바꾼다. 평소 남에게 하는 부정적인 말의 씨앗은 우리가 의도하지 않은 사이에 주입된 경우가 많다. 의식하고 알아차리지 않으면 험한 말투가 얼마나 많은 사람들의 정신과 마음을 황폐하게 만드는지 모른다. 우리는 부정적인 험한 말투 하나가 감정을 완전히 질식하게 한다. 때로는 가족에게 상처주기도 하고, 이웃과 주변 사람들을 힘들게 하기도 한다.

막말을 생각하지도 않고 뱉는 이유는 좋은 말을 하는 훈련과 연습이 안 되었기 때문이다. 이 책에 나온 대로 여러분이 1년 동안만 훈련하고 쓰면서 좋은 말을 쓰는 연습을 한다면 반드시 1년 후에는 달라져 있을 것이다. 감정이 들어오면 바로 알아채면서 에너지를 전환할 수 있다. '대한민국을 빛낸 신창조 대상'을 받은 이상헌 선생님은 그의 저서 《흥하는 말씨 망하는 말투》에서 험담이나 막말은 막가는 인생을 만든다고 설파했다. 그는 반기문 유엔 사무총장과 함께 '2011년을 빛낸 도전 한국인 10인'에 선정되어 평생을 긍정적인 말씨의 중요성을 신문에 연재하고 강의하고, 후배들에게 교육시켰다.

성공한 사람들은 의도적으로 부정적인 말씨를 심지 않는다. 긍정적인 말씨는 좋은 운을 끌어당기고, 좋은 사람들을 만나게 하며 전체적으로 자신의 운명을 좋게 바꾸게 한다. 사람들은 어떻게 좋은 말만 하고 사냐고 하지만 말씨는 건강과 풍요, 성공, 행복, 마음의 평화에 큰 영향을 끼친다. 충분히 노력하면 긍정의 말투로 바꿀 수 있다. 딱, 1년만 말투를 바꿔보겠다고 다짐을 하고 이 책을 계속 읽고, 따라 쓰고, 아침마다 명상하면서 긍정의 말씨를 심는다면, 그동안 했던 험한 말투는 쏙 들어갈 것이다. 삶의 많은 영역에서 감정이 정화되어 사랑과 감사함이 쏟아질 것이다. 이 책의 긍정 말씨는 전 세계 백만장자나 성공한 모든 사람들이 예외 없이 아침마다 적용하는 성공의 비밀이다. 아주 효과가 있는 확언들로 잠재의식에 잘 들어가면 효과가 크게 나는 것들이다. 믿고 한번 써 보자.

차례

Part 1
감사로 이끄는 명언

PROLOGUE ········· 6

아침에 이 책을 읽고 시작해야 하는 이유 ········· 12

자신이 긍정 확언 말을 해야 하는 이유 ········· 16

러시아 물리학자의 강력한 현실 창조 리얼리티 트랜서핑 ········· 18
행복을 선물하는 감사 습관 23 / 감사하는 습관으로 성격을 긍정적으로 만들자 25
감사의 눈으로 바라보자 27 / 좋은 것을 끌어당기는 감사의 마법 28
이유 없이도 행복한 이유 29 / 마음을 치료하는 감사 30
고통에서 벗어나고 싶다면 32 / 감사, 행복의 호르몬 33
어떠한 경우에도 감사 35 / 무의미한 분노에서 벗어나기 37
가장 멋진 선물, 지금 이 순간 39 / 인생의 행복을 이끄는 감사 41
오직 나를 위한 감사의 길 42 / 단 한 마디, 감사합니다 43
행복은 거창하지 않다 44 / 불행을 극복하는 힘, 감사 45
감사를 만드는 유일한 방법, 감사 47 / 긍정적으로, 감사로 꿈을 꿔라 48
운이 좋아지고 싶다면 지금 감사하라 50 / 몸의 영약, 감사 52
감사에 너그러워지기 53 / 감사를 기록하고 음미하기 54
호흡에도 감사를 담기 55 / 감사를 헤아려 보라 56
연습은 습관이 되고 인생이 된다 57 / 감사로 시작하고 감사로 끝내기 59

미래의 감사 일기를 쓰면 꿈이 이루어진다 ········· 60
모든 걸 회복하게 하는 감사 탄력성 63

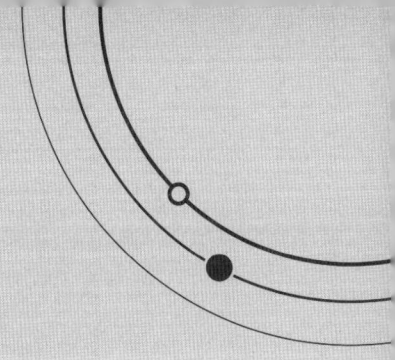

Part 2
쓰고, 읽으며 감사로 물드는 삶

간절히 바라는 것 한 가지 쓰는 이유 ········· 70

세상에 둘도 없는 나와의 약속과 선언 ········· 72

이 책의 활용 방법 ········· 74

Part 3
감사로 행복한 지금

자신의 역사는 스스로 쓴다 ········· 76

나만의 긍정 확언 4일 만들기 ········· 444

EPILOGUE ········· 446

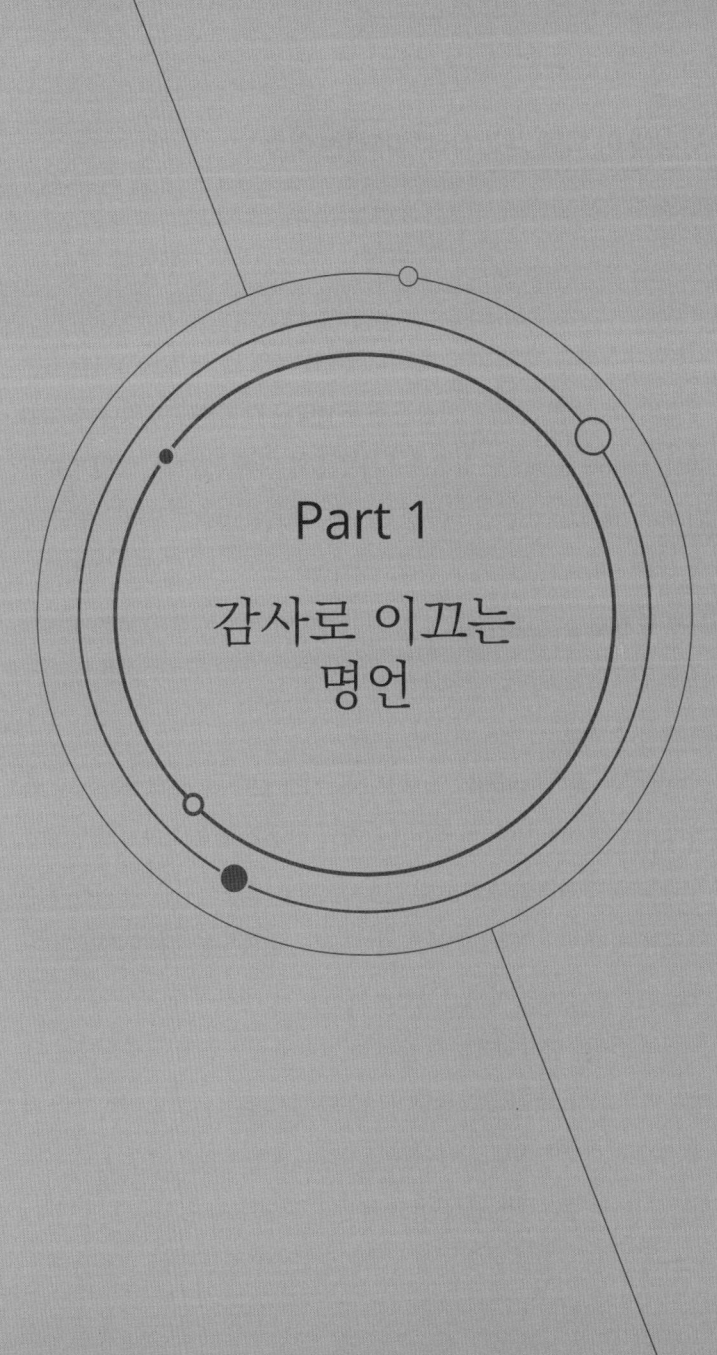

Part 1

감사로 이끄는
명언

아침에 이 책을 읽고 시작해야 하는 이유

하루의 시작은 아침이다. 계절의 시작은 봄이다. 나무와 열매와 꽃과 생명의 시작은 씨앗이다. 아침과 봄과 씨앗은 같은 성질이 있다. 느낌이 좋다. 아침에 일어날 때 상쾌하고 기분 좋게 일어나면 하루 종일 컨디션이 좋다. 봄에 씨앗을 잘 뿌리면 가을에 수확을 잘한다. 우리는 지금 매일 생각이라는 씨앗을 심고 있다. 이 씨앗이 좋은 열매를 맺기 위해서는 어떤 종을 심을까. 부패하고 유효 기간이 지난 씨앗을 심을까. 종자가 튼튼하고 쑥쑥 잘 자라는 건강한 씨앗을 심을까.

자연에는 좋은 에너지와 안 좋은 에너지가 있다. 소위 말하는 긍정 에너지와 부정 에너지다. 마음밭에 긍정의 씨앗을 심으면 긍정적인 결과가 나오고, 부정적인 씨앗을 심으면 부정적인 결과가 나온다. 이건 우주의 절대 법칙이다. 콩 씨앗을 심었는데 팥이나 완두콩이 나오지 않는다. 반드시 콩만 나온다. 하지만 뉴턴의 에너지 제1법칙에 의하면 모든 물체는 외부로부터 힘이 작용하지 않는 한 정지해 있던 물체는 계속 정지 상태로 있게 된다. 즉 생각의 씨앗이 아무런 힘을 받지 않으면 자라지 못한다. 그대로 씨앗인 상태로 머무른다. 자라지 않는 씨앗은 열매가 되지 못한다. 아무리 좋은 씨앗을 심어도 외부의 힘, 비료와 햇빛과 물과 바람, 수소, 질소 등의 힘을 받아서 합성 작용을 하지 않으면 콩이 안 나온다.

우리가 평소에 쓰는 긍정의 말은 씨앗이다. 잠재의식에서 이 씨앗이 자라서 효과가 나기 위해서는 밤낮으로 계속 외부에서 힘을 가해 줘야 한다. 즉 자신의 입을 통한 외침이라든가 마음에서 계속 되뇌는 작업으로 힘을 가해야 한다. 그 중에서 가장 효과적인 방법으로는 종이에다 손으로 꾹꾹 눌러서 쓰는 작업이다. 글씨를 쓰는 작업은 뇌의 신경 세포와 고도의 손의 신경세포와 근육간의 연결을 강화시킨다. 화석을 보면 알 수 있다. 돌에 물체가 찍혀 수백 년 동안 사라지지 않듯, 쓰는 작업은 뇌가 각인을 잘 하도록 한다. 즉, 한번 손으로 쓴 긍정의 말들은 우리의 뇌에서 쉽게 사라지지 않는다.

반대의 경우도 마찬가지다. 부정의 말들은 화석화가 더 강화된다. 감정이 강하게 실려 진동을 더 강화시킨다. 부정이 긍정보다 더 강력하다. 그러므로 우리는 평소에 외부 환경에 지배당하기 않기 위해서 긍정의 말을 쓰고, 또 적고, 더 반복해야 한다. 그래야 부정이 상쇄된다. 한 번 하고 '안 된다'고 포기하면 씨앗이 자라지 않는다. 계속 긍정의 말이 효과가 나기 위해서는 외부의 열을 가해줘야 한다. 계속 속으로 되뇌든, 종이에 적든 압력을 잠재의식에 새긴다. 긍정의 생각 씨앗을 심고 계속 쓰고 또 쓰고 돌봐주면 잠재의식에서 씨앗이 지워지지 않고 계속 외부의 힘에 의해서 자라난다.

우주에는 인과의 법칙이 있다. 원인과 조건이 있으면 반드시 그에 상응하는 결과가 나온다. 어떤 일을 달성하기 위해 온 우주에 집중을 하면서 마음에 반드시 되게 하는 기도를 올리면서 긍정의 말을 하면 일의 결과가 반드시 좋다. 긍정의 말을 하루에 3가지만 외우자. 새로운 생각의 씨앗을 심는다면 삶에 놀라운 긍정적인 변화들이 생길 것이다.

기존의 생각에다 새로운 씨앗을 심는 것은 좋은 결과를 만들기 위한 전 작업이다. 이 작업을 하지 않고 다른 결과를 바라는 것은 아인슈타인이 말한 '정신 나간 짓'이다. 즉 원인이 있어야 결과가 있으므로, 지금까지 삶의 변화가 없었다면 새로운 긍정의 씨앗을 심어야 한다. 1년 동안 새로운 말로 자신의 말투를 긍정과 감사로 바꿔 보자. 부와 번영과 건강으로 매일 3번씩 쓴다면 1년 후에는 1000번 이상의 좋은 생각의 씨앗을 심게 된다. 결과는 놀랍다. 자신이 과거에 심은 씨앗 때문에 지금 좋은 싹이 나지 않거나 열매가 없다면 반드시 다른 방법으로 생각을 바꿔야 한다.

종이 위에 긍정적인 확신의 말을 적는 것은 새로운 경험을 가져다준다. 매일이 그저 그런 날이 아니라 새로운 멋진 경험과 결과를 받게 된다. 좋은 경험을 얻고 싶다면 새로운 말투의 씨앗을 심어야 한다. 내면으로 하는 말투도 역시 밖으로 하는 말투와 똑같다. 효력이 크다. 오히려 내면에서 하는 말투가 더 강력하다. 감정이 몰래 들어가 있기 때문이다. 모든 우주의 끌어당김은 느낌과 감정에 있다. 좋은 느낌을 얻기 위해선 좋은 느낌이 들도록 하는 말의 씨앗을 심어야 한다. 긍정의 말투가 그렇게 행복과 풍요, 성공에 중요하다. 지금까지 긍정의 말을 했는데도 안 된다고 하는 사람들은 이 책에 제시한 새로운 말투를 3번씩 매일 써 보자.

우리가 그토록 바라는 성공의 씨앗은 매일 아침 3가지 새로운 긍정의 말을 심는 것에 달려있다. 하루에 3개의 생각을 심을 시간 3분을 내지 않는다면 우리가 어떻게 큰 성공을 바랄 수 있을까. 작은 성공만 원하고 더 큰 것은 사양한다고 하는 독자들은 시작을 안 해도 된다. 하지만 지금보다 더 크게 성장하고 더 잘 살고, 더 행복해지는 방법이 있다. 눈을 감고 심호흡하며 딱 1년 동안, 3분만 아침에 시간을 내어 책의 1페이지를 완성해 보자. 놀랍도록 삶이 달라질 것이다. 이 책은 자신의 1년 동안의 긍정적인 생각 씨앗 심기의 역사적 기록이다. 어느새 내면에서는 새로운 긍정의 말투가 생길 것이다. '포기하자'에서 '해보자'로.

아울러 이 책을 들고 다니면서 하루 동안 감사한 일들을 메모하면서 감사의 파동으로 긍정적인 진동을 더한다. 원하는 삶을 살고 있을 때에는 삶의 모든 것에 감사한 상태이므로 이미 그 상태를 적어 본다. 자신이 바라는 삶을 이미 살고 있는 것처럼 감사하고 행동하고 지금 이 순간 감사를 계속한다면 삶의 진동들이 더 좋은 쪽으로 바뀐다. 마음밭이 더 비옥해지고 풍성해진다. 감사하는 삶은 기적을 선물한다. 지금 이 순간에 감사한 감정을 느껴 보라. 살아서 숨 쉬는 이 자체가 그저 기적이라는 생각이 들 것이다.

자신이 긍정 확언 말을 해야 하는 이유

긍정적인 확신의 말을 아침에 큰 소리로 외치면 좋다. 하루를 살아가는 시작점에 잠재의식에 명령을 내리게 된다. 잠재의식은 깊은 무의식에서 나온 에너지다. 파동이고 진동이다. 하루의 방향을 결정하는 열쇠를 피곤하고 짜증나는 말로 시작하면 하루가 어떻게 창조되겠는가. 반대로 아침에 일어나서 멋진 삶을 위한 감사와 긍정의 샤워를 하고, 지금의 삶을 축복하면서 일어나면 삶이 어떻게 바뀔까? 그것이 불가능하다고 생각하는가. 가능하다. 잠재의식의 깊은 진동 에너지는 늘 순환한다. 우리의 몸이 11개월마다 세포가 바뀌는 것처럼, 몸의 가장 중요한 부분 중, 창조의 역할을 담당하는 입을 크게 열면 에너지가 열린다.

우리가 아침에 입을 크게 움직이게 되면 잠재의식에 쌓여 있던 막힌 에너지의 파이프관이 뻥 뚫린다. 산에 갔을 때 큰 소리로 "야호!" 외쳤던 때를 생각해 보자. 그때의 느낌이 어땠던가? 우리는 매일 아침과 저녁에 밸브가 열려서 물이 뿜어져 나오는 정도의 큰 에너지를 낮은 주파수에 있을 때 곧바로 얻을 수 있다. 이 책의 긍정 확언과 감사 쓰기로 입에서 나오는 말의 파장이 긍정과 감사라면 바라는 모든 것을 얻을 수 있다. 낮은 주파수대에 있던 에너지장도 활성화된다. 부정적인 상태에서 공급받던 에너지가 곧바로 즉시 차단된다.

긍정 확언과 감사를 실천하면 말의 씨앗인 말투가 계속해서 긍정으로 바뀔 것이다. 우리는 훈련을 할 필요가 있다. 긍정 확언을 몇 번 쓴다고 하루아침에 인생이 크게 바뀌지는 않는다. 하지만 이 책의 장점은 1년 동안 적게는 1분밖에 안 걸리는 긍정 확언 쓰기의 초간단 성공 방법이다. 성공한 행복한 부자가 되고 싶다면 1분만 투자하자. 지속하는 과정에서 조금씩 변화하는 것을 느껴 보자. 그리고 자신이 이런 변화를 느꼈다면 반드시 주변 사람들에게도 책을 선물해서 그들도 함께 성장하여 좋은 에너지를 나눠주길 바란다.

러시아 물리학자의 강력한 현실 창조 리얼리티 트랜서핑

한때《시크릿》열풍이 분 적이 있다. 우리나라 100만 독자가 읽었다. 하지만 아무리 시크릿을 해도 꿈이 이루어지지 않는다는 사람들이 있다. 그런 사람들을 위한 책이 있다. 러시아 물리학자 바딤 젤란드가 쓴 《리얼리티 트랜서핑》이다. 러시아에만 170만 명이 읽었다. 시크릿이 이루어지지 않는 이유를 펜듈럼이란 에너지 때문이라고 말한다.

펜듈럼은 시계 따위의 진자나 흔들리는 추를 말한다. 펜듈럼은 주파수와 파동이다. 생각이나 감정이 모이면 사념 에너지가 형성된다. 사념 때문에 움직이는 추에 거대한 펜듈럼이 형성된다. 펜듈럼은 좋고 나쁨이 없다. 단지 에너지체로만 존재한다. 자신을 지지하거나 반대하는 세력들의 에너지를 끊임없이 빨아들인다. 우리 마음속에 떠돌아다니는 수많은 생각을 한 번 들여다 보자. 얼마나 자주 부정적인 생각들을 없애고 싶은데 잘 안되었는가.

사념 에너지가 공중에 떠다니다가 어떤 것과 원인이 맞으면 현실이 되게 한다. 운명까지도 주무를 수 있다. 생각을 현실화시킨다. 사념에게 먹이를 주면 현실로 나타난다. 미국에서 9·11테러가 났을 때에도 재난을 알리는 주파수의 진동 진지기 굉장히 불안하게 흔들렸다. 펜듈럼이 활동하고 있다는 것을 진동으로, 주파수로 알려줬다. 예민한 사람은 비행기 표를 취소했다. 실제로 테러 당일 아침 유나이티드 항공사의 티켓 취소 비율이 80%에 달했다. 그날 항공기를 타고 뉴욕으로 간 승객이 평소보다 굉장히 적은 20%밖에 안 되었다. 사람들이 펜듈럼을 느낄 수 있었다. 펜듈럼에 동조하지 않으면 그 에너지에서 벗어날 수 있다.

펜듈럼은 사람들이 두려운지 불안한지 에너지로 아주 잘 알아챈다. 어떤 생각에 먹이를 주느냐에 따라서 주변의 모든 에너지를 동원해서 실현시킨다. 그렇기에 우리는 이 펜듈럼과 싸우면 안 된다. 싸우면 싸울수록 강력하게 더 달라붙는다. 부정적인 생각을 많이 하면 할수록 주변이 어둡게 보인다. 펜듈럼은 긍정의 장밋빛 안경을 쓴 사람들에게는 다가가지 못한다. 펜듈럼에게 먹이를 주지 않기 위해서 긍정해 버리면 펜듈럼이 내 주변에 오지 못한다. 펜듈럼은 에너지 세력이어서 인격을 가지지 못한다. 옳은 것과 그른 것의 의도를 가지지 못한다. 오직 에너지만을 먹고 산다.

펜듈럼은 긍정과 감사를 하면 사라진다. 여기에 상상은 매일 조금씩 하지만 자신이 바라는 꿈이 이루어지지 않는 원리가 숨어 있다. 평상시에 생활을 하면서 부정적인 감정을 얼마나 많이 느끼는가? 자신의 생각은 항상 어디로 향하고 있으며, 아침에 일어날 때 하루를 기대하고 설레며 상쾌하게 일어났는가? 아니면 또 하루가 시작되었다고 불평하면서 일어나기 싫어서 억지로 일어나는가? 펜듈럼은 집중하는 에너지를 끌어당긴다. 불평이라는 감정에 먹이를 주면 하루 종일 에너지를 다른 방향으로 돌리지 않는 한, 불평할 일을 끌어당긴다. 긍정과 감사에 초점을 맞추자. 명상, 감사 일기와 운동 같은 긍정 에너지를 얻는 활동이 좋다. 무슨 일이 일어나든 '여기에서 점점 더 삶이 좋아질 것이다'라고 긍정적으로 생각하자. 안 좋은 일이 일어날 때마다 그것은 우리를 옭아매는 펜듈럼이라는 것을 기억하자. 의식적으로 불평을 해서 부정적인 감정을 퍼부어 펜듈럼에게 에너지를 줄 것인지, 아니면 펜듈럼이 빈손으로 돌아가게끔 감사하고 긍정할 것인지는 여러분의 선택이다. 하지만 시크릿을 이루게 하는 힘은 바로 이 펜듈럼을 제거하는 데 있다. 긍정하고 감사하는 편이 간절한 소원을 더 빨리 이루게 한다. 우리가 바라는 소원들은 기분 좋은 긍정과 감사라는 감정의 상태일 때 저절로 삶 속으로 들어온다.

펜듈럼은 우리를 죽을 때까지 따라다니며 에너지 장을 형성해 주파수와 파동을 방사한다. 보이지 않는 가능태 공간에서 현실이 이루어지고 있다. 보이지 않는 내면에서 수많은 생각이 일어나는 이유는 펜듈럼에게 계속 먹이를 주고 있기 때문이다. 펜듈럼을 끄려면 사념 에너지를 되도록 긍정에 맞추고 상황을 있는 그대로 받아들여 감사해야 한다. 그러면 펜듈럼은 사라진다. 그래서 아침에 펜듈럼을 끄고 하루 종일 기분 좋은 상태로 지내기 위한 방향을 잘 잡아야 한다. 이 책이 긍정과 감사를 1년간 체득하게 해 줄 것이다. 딱 1년만 말투를 책에서 제시하는 대로 감사와 긍정과 확신의 말로 바꿔 보자.

운전을 할 때 방향을 어디에 두느냐에 따라 목적지가 달라진다. 평범하게 흘러가는 트랙을 바꾸어 마치 파도를 타듯이 다른 곳으로 갈아타면 운명을 바꿀 수 있다. 리얼리티 트랜서핑 원리를 적용하여 부정을 긍정으로, 불평을 감사로 바꾸자. 시크릿은 막연히 앞으로 되고 싶은 것을 상상만 하라고 한다. 하지만 리얼리티 트랜서핑에서는 보이지 않는 사념 에너지를 없애는 방법으로 긍정과 감사를 적극적으로 실천해야 꿈이 이루어진다고 말한다.

또 하나의 펜듈럼을 제거하는 방법은 마음을 비우고 어떤 것에도 집착하지 않고 원하는 것에 집중하는 것이다. 세상이 힘들고 어렵다고 생각하면 펜듈럼이 그런 에너지를 보내서 어렵고 힘든 삶으로 가능태 공간을 이동시킨다. 하지만 쉽다며 가볍게 생각하면 중요성이 낮아져서 트랜서핑으로 옮겨가 원하는 상황을 쉽게 끌어당긴다. 집착하지 말고 모든 일에 중요성을 낮추는 것도 한 방법이다. 감사하면 집착과 중요성은 사라진다.

붓다는 '현재 나는 내 생각의 소산이다'라고 말했다. 감사하는 감정은 언제나 좋은 것을 끌어당긴다. 상대방의 작은 행동이나 세상의 좋은 모습에 감사하면 더 좋은 것들을 끌어당기게 될 것이다. 왜냐하면 그때만이 펜듈럼이 사라지기 때문이다.

✔ 이 글을 읽으면서 새롭게 안 사실에 대해서 감사한 점을 써 보자.

1 _____ 를 몰랐는데 알게 되어 감사합니다.

2 _____.
앞으로 이렇게 살아갈 것을 다짐해 감사합니다.

3 _____ 에 대해 감사합니다.

알아차린 점, 새로 배운 점, 자아성찰

1
행복을 선물하는 감사 습관

감사하는 마음은 최고의 미덕일 뿐만 아니라
모든 미덕의 어버이이다.

- 로마 철학자 -

뉴턴이 이런 말을 했다.
"진리는 망망대해와 같다. 나는 고작 바닷가에서 조개를 주워서 감사하고, 기뻐하는 아이일 뿐이다. 진리는 복잡하거나 섞여 있는 것들에서도 단순하다."
감사하는 사람들은 깊은 행복을 느낀다.

아인슈타인같이 위대한 과학자도 《나는 세상을 어떻게 보는가(The World as I See It)》에서, 현재 생존하는 사람뿐만 아니라 과거에 생존했던 수많은 사람들 덕분에 산다고 했다. 자신이 받은 대로 남에게 주어야 한다고 생각하며, 매일 감사한 점을 100개씩 떠올렸다.

에디슨의 삶도 살펴 보자. 집안이 가난하였기 때문에 12세 때에 기차에서 신문을 팔았다. 시간을 절약하기 위해 화물칸에 실험실을 만들어 실험을 하던 중, 불이 났다. 화가 난 차장에게 얻어맞아 청각을 잃었다. 하지만 에디슨은 상황에 절망하지 않고, 이렇게 말했다.
"나는 귀머거리가 된 것을 감사하게 생각합니다. 왜냐하면 귀가 들리지 않았기 때문에 다른 모든 소리를 차단할 수 있었습니다. 그렇게 주의를 연구에만 몰두할 수 있게 된 것에 대해 감사한답니다."

감사가 행복하기 위한 비밀이다 - 엄남미

✔ 지금 이 순간 감사한 점을 3가지 써 보기

1 _____ 해서 감사합니다.

2 _____ 라서 감사합니다.

3 _____ 에도 불구하고 _____ 해서 감사합니다.

알아차린 점, 새로 배운 점, 자아성찰

2

감사하는 습관으로
성격을 긍정적으로 만들자

하루하루 일상에서 좋은 일들을 찾아내고
감사하는 것은 우리의 무한한 잠재력을 모으는 시초가 된다.

- 데보라 노빌 -

노벨 문학상을 받은 아이작 바셰비스 싱어는 이렇게 말했다. "만약 앞으로 상황이 더 나빠질 것이라고 말하면, 당신은 나쁜 일을 끌어오는 예언자가 될 가능성이 많다. 이 말은 반대도 마찬가지이다. 상황이 점점 더 좋아질 것이라는 말을 하고 감사하면 결국 좋은 일이 벌어질 것이다. 그러면 당신은 점점 더 행복해질 것이다." 성격을 고치기는 쉽지 않다. 오죽하면 세 살 버릇 여든까지 간다고 말을 했을까. 한번 형성된 성격은 바꾸기는 어렵지만, 삶을 대하는 태도는 바꿀 수 있다. 언제라도 삶을 긍정할 수 있게 된다면 이 세상의 성격의 결함으로 인한 문제들은 해결될 수 있다.

감사하는 열정으로 성격을 긍정적으로 바꿀 수 있다고 자신에게 강한 암시를 준다. 예를 들어 "나는 날마다 모든 면에서 점점 더 나아지고 있다"고 심리적으로 자신에게 강력한 힘을 발휘할 수 있는 문구를 한 문장으로 만들어서 벽에다 붙인다. "행복해서 감사합니다. 풍족해서 감사합니다. 운이 좋아 감사합니다. 충분해서 감사합니다"라는 문구를 포스트잇에다 적어 벽에 붙여서 볼 때마다 마음속에 인식시킨다. '감사합니다'는 말은 강력한 힘을 가지고 있다. 이미 그 일이 이루어진 것처럼 사실적으로 묘사하기 때문에 긍정적인 성격 형성에 도움 된다.

매일 감사명상을 하는 것도 좋다. 마음을 훈련시키고 생각을 잘 정돈하게 만들어주는 명상요법 중에 가장 강력한 것이 감사명상이다. 수많은 연구조사에서 명상이 혈류 속 엔도르핀의 방출효과가 크다고 밝혀졌다. 감사 명상을 통해서 이미 나는 행복한 사람이라고 생각이 든다. 말하는 방법과 체험들을 서술하는 방식이 자동적으로 달라진다. 더 긍정적으로 되고 삶에 감사할 줄 아는 사람으로 바뀐다. 즐거움, 공감, 고마움 등이 가득 담긴 말을 하고, 불평하거나 자기 연민에 빠지지 않게 된다.

✔ 지금 이 순간 감사한 점을 적어 보자.

1 _____ 해서 감사합니다.

2 _____ 해서 감사합니다.

3 _____ 라서 감사합니다.

3
감사의 눈으로 바라보자

감사 향기는 저절로 퍼져나가
주위 사람을 행복으로 물들인다.

- 데보라 노빌 -

감사의 눈으로 사물들을 바라보고 관찰하면 세상에는 행복하고 기쁜 것이 많이 보인다. 그리고 좋은 것들을 중력처럼 끌어당긴다. 감사처럼 좋은 주파수를 방사할 때 오는 파동은 긍정의 에너지다.

✔ 지금 이 순간 글을 읽으며 감사한 점을 써 보자.

1 _____ 를 알게 되어 감사합니다.

2 _____ 를 실천할 것임에 감사합니다.

3 _____ 해서 감사합니다.

4

좋은 것을 끌어당기는 감사의 마법

*감사에 대한 집중력을
매일 살아 움직이게 하라*

- 넬슨 만델라 -

김승호 스노우폭스 회장은 자신의 성공 비결로, 석가모니의 "나는 내 생각의 소산이다"라는 말을 실행에 옮긴 것을 꼽았다. 감사하는 생각은 언제나 좋은 것을 끌어당긴다. 상대방의 작은 행동이나 세상의 좋은 모습에 감사하면 더 좋은 것들을 끌어당기게 될 것이다. 왜냐하면 그때만이 펜듈럼이 사라지기 때문이다.

✔ 이 글을 읽으면서 새롭게 안 사실에 대해서 감사한 점을 써 보자.

1 _____ 를 몰랐는데 알게 되어 감사합니다.

2 _____ .
앞으로 이렇게 살아갈 것을 다짐해 감사합니다.

3 _____ 에 대해 감사합니다.

5
이유 없이도
행복한 이유

감사할 만한 것을 도저히 떠올릴 수 없을 때에는
지금 숨 쉬고 있다는 것에 감사하면 된다.
− 오프라 윈프리 −

조용히 명상을 하거나 삶에서 감사한 순간들을 떠올리는 것만으로도
이유 없이 행복할 수 있다.
− 마티유 리카르 −

'감사합니다. 사랑합니다. 이해합니다. 행복합니다'
날마다 '감·사·이·행'을 상기하고 반복하면서 깊이 새겨 실천하자.
'감·사·이·행'은 행복의 주인이다
− 엄남미 −

✔ **지금 이 순간 이유 없이 감사한 점을 3가지 적어 보자.**

1 _____ 하니 이유 없이 감사합니다.

2 _____ 하니 이유 없이 행복합니다.

3 _____ 라서 이유 없이 기쁩니다.

6
마음을 치료하는 감사

감사하는 마음은
백신이며, 해독제이며, 소독제이다.

- 존 헨리 조웻

그레이터 굿 과학센터의 연구 책임자인 에밀리아 토마스 박사는 "감사를 느끼면 스트레스나 어려움을 극복할 수 있는 회복 탄력성이 강화된다."고 말했다. 감사를 실천하면 남을 더 잘 도와주며 너그러워져 사람들에게 관대해진다. 병에 걸렸더라도 감사할 점을 더 많이 찾아내고 삶에 대해 긍정하는 사람들은 회복 속도가 빠르다. 다보스 병원 센터장은 대부분 병의 경과에 대해 고마움을 표현할 줄 아는 환자들이 일상 복귀 속도가 빠르고, 건강하고 행복한 삶을 사는 사람이 많다고 했다. 의사는 병을 고치는 데 도움을 주는 사람이지만, 병을 고치는 사람은 환자 본인의 자세라고 말한다.

감사하면 뇌가 활성화되는 부분이 달라져 건강해진다. 감사 실천이 뇌의 사회적인 관계를 담당하는 측두엽의 쾌락 중추를 작동시켜 도파민, 세로토닌, 엔도르핀 같은 행복 호르몬이 나오게 한다. 심장 박동을 안정화시키고, 근육이 이완되게 하고, 혈압이 안정되게 만든다. 기분 좋은 행복감을 느끼게 한다.

감사하면 생리학적으로 더 건강한 심장을 가지게 되어, 심혈관 질환 등 스트레스와 관련된 질병에 더 강해진다. 꽃을 받거나 자녀가 회장이 되거나 가구를 사서 행복한 감정은 순식간에 사라진다. 하지만 감사는 특정 상황에 좌우되는 감정이 아니다. 변화와 역경에 상관없이 오래간다. 감사의 감정이 오래 지속되어 삶을 바꾼다.

✔ **지금 이 순간 감사한 점을 3가지 적어 보자.**

1 오늘 하루의 삶 속에서 가장 감사하다고 생각된 것은 무엇입니까?

_____

2 부모님께 (자녀에게) 감사하고 고마운 점 한 가지를 생각해 봅시다.

_____

3 자신에게 감사하고 고마운 점을 한 가지 써 봅시다.

_____

7

고통에서
벗어나고 싶다면

지금 이 순간에 감사하면
삶의 영적 차원이 열릴 것이다.

– 에크하르트 톨레 –

감사는 마음속 고통스런 가시를 빼내 주는 강력한 도구이다. 불평이라는 가시만 빼내도 행복 에너지를 얻을 수 있다.

✔ 지금 이 순간 부모님께 감사한 3가지를 적어 보자.

1 _____

2 _____

3 _____

8
감사,
행복의 호르몬

자신이 가진 모든 것에 감사하면
마음이 열린다.

- 닐 도널드 월시 -

노자의 도덕경 제 33장에는 '남을 아는 자는 지혜롭고, 스스로를 아는 자는 현명하며, 남을 이기는 자는 힘이 있고, 스스로를 이기는 자는 강하며, 만족하며 감사하는 자는 부유하다.'라고 하며, 스스로 만족하며 불평하지 않는 사람을 부자라고 말한다. 우리가 꿈꾸는 마음의 풍요와 괴로움을 제거할 수 있는 행복 에너지가 감사다.

감사는 지금 이 순간 천국에서 살게 해 준다고 그랬던가. 감사하는 데 돈이 드는 것도 아니고 힘도 들지 않는다. 행복한 미소가 일고 저절로 꽃을 피우고 열매를 맺게 한다. 지금 행복하려면 무조건 감사의 씨앗을 많이 뿌리자. 감사하면 불행 끝, 행복의 시작이다.

최근 엔도르핀보다 4000배 더 강력한 다이돌핀이란 호르몬이 밝혀졌다. 웃거나 긍정적인 생각과 사랑을 할 때 뇌 속에는 알파파와 엔도르핀이 동시에 분비된다. 알파파는 건강, 활력, 여유, 웃음을 준다. 웃음과 감사는 장수의 묘약이다. 장수하는 사람들은 전부 긍정적인 정서에 대해서 이야기한다. 감동을 받아 감사하면 엔도르핀보다 더 강력한 다이돌핀이 만들어진다. 다이돌핀은 노래나 시, 풍경에 감동 받아 압도된 느낌일 때 생성된다. 새로운 진리를 깨닫거나 엄청난 사랑에 빠졌을 때도 이 호르몬이 나온다. 과학적으로도 감사의 씨앗이 가족의 행복을 책임다는 말은 타당하다.

자갈밭과 비옥한 토양에다 씨를 뿌리면, 옥토에서 씨앗이 더 잘 자란다. 수확도 훨씬 더 많다. 땅이 비옥하고 기름져서 농사짓기 알맞은 흙에다 사과 씨를 심으면 사과나무가 생기고, 포도 씨를 심으면 포도나무에서 포도가 나온다. 물질세계도 그러하듯이 마음속에서도 감사의 씨를 평소 많이 뿌리면 감사나무가 많이 생겨 감사라는 열매를 맺을 것이다.

✔ 지금 이 순간 내가 가지고 있는 3가지에 대해 감사해 보자.

1 _____
2 _____
3 _____
　를 가지고 있어서 감사합니다.

9
어떠한 경우에도 감사

> 평생 동안 '감사합니다'라는 오직 한 마디 기도만 하더라도
> 그것으로 충분하다.
> – 마이스더 에크하르트 –

모든 물체에는 작용과 반작용이 있어서 내가 주는 것은 반드시 부메랑처럼 받게 된다. 감사를 주면 감사를 받고, 불평을 주면 불평을 받는다.

마사 워싱턴은 미국의 초대 대통령 조지 워싱턴의 아내다. 그녀는 이렇게 말한다.
"저는 어떤 상황에 놓인다고 해도 여전히 즐겁고, 감사하며 행복하게 살기로 했습니다. 행복이나 불행은 많은 부분 우리가 처한 상황이 아니라 마음가짐에 달려있습니다."

긍정 심리학의 대가 마틴 셀리그만 박사는 "인간의 긍정적인 특성을 다 살펴본 결과, 감사를 잘 하는 사람들이 웰빙 지수가 높다."고 말한다.

✔ 지금 이 순간 삶에 감사한 3가지를 적어 보자.

1 _____ 해서 감사하다.

2 _____ 를 알게 되어 감사하다.

3 _____ 라서 감사하다.

알아차린 점, 새로 배운 점, 자아성찰

# 10
무의미한 분노에서
벗어나기

감사하는 마음을 지니면
갑자기 세상 사람들이 당신의 친구이자 가족이 된다.

- 존 디마티니 -

말은 행동을 불러일으킨다. 부정적인 말은 파괴하는 행동을 하게 하지만, '고맙습니다, 감사합니다'는 모든 사람들의 마음에 행복이 찾아오게 만든다.

사람들의 마음에는 창문이 있다. 창문을 열게 하려면 마음의 안에서 밖으로 열어야 한다. 마음이 열리게 하는 말이 바로 '감사합니다. 고맙습니다'이다. 화가 나면 행복이 달아난다. 즉각 화나는 마음에 '고맙습니다'라고 말하자. 그리고 좋은 일이 생기면 '감사합니다'라고 가족에게 적극적으로 표현해 보자.

✔ 지금 이 순간에 화가 났던 일에 대해 '고맙습니다'라고 써 보자.

1 _____ 해서 화가 났지만 그럼에도 불구하고 고맙습니다.

2 _____ 때문에 화가 났지만 그래도 고맙습니다.

3 앞으로 _____ 한 상황에서도 '고맙습니다'라고 말해 감사합니다.

알아차린 점, 새로 배운 점, 자아성찰

11
가장 멋진 선물,
지금 이 순간

행복해지려면 주위에서 일어나는 일에서
무엇이든 감사할 것을 찾아라.

−론다 번−

선물은 지금이란 시간이었다. 나의 스승 루이스 헤이는 현재 이 순간에 감사하고 오늘을 행복하게 살면 모든 것을 얻을 수 있다고 말했다. 영어로 오늘은 'present'다. 지금이 바로 선물이다. 내일이 아니라 지금 이 시간에 감사하고 행복하겠다고 결심하면 바로 행복해진다.

오프라 윈프리는 입버릇처럼 자주 '감사합니다'는 말을 하라고 했다. "감사할 일이 주변에는 아주 많다. 그것을 매일 기록해라."고 만나는 사람들에게 말하며, 감사 일기의 기적을 전하고 있다.

✔ 오늘 지금 이 순간 감사한 점을 3가지 써 보자.

1 _____ 해서 감사합니다.

2 _____ 라서 감사합니다.

3 _____ 하기 때문에 감사합니다.

알아차린 점, 새로 배운 점, 자아성찰

12
인생의 행복을 이끄는 감사

다트머스대 경제학자 데이비드 브래치플라워 교수는 35개국 1만 여명을 조사한 결과, 서로에게 감사하며 행복하게 결혼생활을 하는 사람들은 연봉 10만 달러(1억1200만원) 이상의 가치를 번다고 하였다.

연세대 사회복지학과 김재엽 교수팀은 실험자들에게 7주간 배우자에게 '사랑해·미안해·고마워'라는 표현을 매일 하도록 했다. 그 결과 매일 이 말을 반복한 그룹은 혈액 내 산화성 스트레스지수가 50% 감소하고, 항산화 능력지수는 30% 증가했다. 또 우울증이 개선되고 심장 박동도 안정화됐다. '사랑합니다!', '감사합니다!'라는 말을 자주 하는 것만으로도 암·고혈압·당뇨병·파킨슨병 등의 발생 위험이 낮아지고 노화 속도도 늦춰질 수 있다는 것이다.

✔ **살면서 좋은 인연을 만난 데 대해 감사해 보자.**

1 _____ 와 같은 좋은 인연을 만나서 감사합니다.

2 _____ 를 만나서 이렇게 행복해서 감사합니다.

3 _____ 와 관계를 맺어준 모든 분들께 감사합니다.

13
오직 나를 위한
감사의 길

감사하는 마음은 다른 사람을 위해서가 아니라
자신에게 평화를 가져다주는 행위이다.
그것은 벽에다 공을 치는 것처럼 언제나 자신에게 돌아온다.
− 이어령 −

철학자 에피쿠로스도 자신이 충분히 가지고 있다는 점에 감사하면 기쁨을 느끼지만, 항상 더 많이 원하면 고통만 증가한다고 말했다. 충분히 가지고 있어서 남들에게 가진 것을 베풀면 저절로 원하는 것이 들어온다. 현재 상황에 만족하고 주변 사람들에게 정신적으로나 물질적으로 베풀 때 월급이 10% 인상되는 것보다 더 행복해질 수 있다.

14
단 한 마디,
감사합니다

이 모든 상황에서 감사할 수 있다면
삶은 진정으로 변하기 시작한다.

− 넬슨 −

노벨 평화상을 수상하고, 독일 나치의 유대인 대학살에서 살아남은 엘리 위젤은 아우슈비츠 수용소에서 가족을 잃었다. 온갖 모욕과 인간성을 말살 당하는 상황에서도 '감사합니다'라는 말을 잊지 않았다. "살아 있어 감사합니다. 인간이어서 감사합니다." 그리고 살아 있는 매시간이 은총이라고 생각했다.

15
행복은
거창하지 않다

오랫동안 감사하며 고수하기만 하면,
원하는 어떤 것이든 할 수 있다.

- 헬렌 켈러 -

미국의 유명한 자기계발 강연자 마시 시모프도 그녀의 저서《이유 없이 행복하라》에서 성공한 사람들과 행복한 100인을 인터뷰했다. 행복한 100인은 온갖 시련과 역경을 다 겪었지만, 그 상황에서도 감사한 점을 꼭 찾았다. 행복이 거창한 것이 아니었다. 행복한 사람들의 이유 없이 행복한 비밀은 바로 감사를 매일 실천했다는 것이다. 행복한 100인은 하나같이 매일 감사할 점들을 메모해서 저녁 일기에 5개씩 쓴다.

16
불행을 극복하는 힘, 감사

감사는 감사의 열매를 맺고,
불평은 불평의 열매를 맺는다.
- 루이스 헤이 -

이 세상에 모든 장애를 다 짊어지고 태어난 헬렌 켈러도 이런 말을 했다. "우리는 불평을 갖기 때문에 불평을 말하게 되는데, 모든 것을 참고 감사하면 불평은 사라진다." 세상에는 수많은 신체장애를 입고서도 행복하게 살아가는 사람들도 많다. 보이는 것이 다가 아니기 때문에 마음의 장애를 극복하는 것이 가장 중요하다. 행복한 사람들은 마음의 장애를 극복한 사람들이다.

"불행할 때 감사하면 불행이 끝나고 모든 일이 잘 되고, 형통할 때에 감사하면 형통이 연장된다." 라고 스펄전은 말했다. 인생에서 마음에 들지 않아서 바꾸고 싶은 것들보다는 지금 만족스러운 부분에 집중하여 거기에 감사하면 마음의 장애가 사라져서 좋은 부분을 강화시킨다.

법륜 스님의 행복톡에서 이런 글귀를 읽었다.

"긍정으로 감사하며 보라는 것은 '다 좋다'는 얘기가 아니다. 넘어지면 '아, 이래서 내가 넘어졌구나' 하고 감사하며 교훈을 얻어서, 다음에는 안 넘어질 수 있는 길을 찾는 것이다. 그러면 결과적으로 넘어진 게 안 넘어진 것보다 더 좋은 일이 된다. 일부러 넘어지라는 것이 아니라 결과를 현실로 받아들이고, 거기에서 또 출발해야 한다. 이런 자세를 가지면 '실패가 곧 성공의 어머니'라는 말이 현실이 되고 늘 감사하며 웃을 수 있다."

알아차린 점, 새로 배운 점, 자아성찰

17
감사를 만드는
유일한 방법, 감사

감사하는 마음이
감사할 일들을 부른다.
- 마시 시모프 -

낙천적이고 긍정적이며 감사하는 마음을 가진 사람은
모든 일에 부정적이고 불만이 많은 사람들보다
삶에 만족도와 성취도가 높다.
- 넬슨 & 칼리바 -

감사할 일은 언제나 있다.
-찰스 J.H 디킨스 -

"**과**도한 감사만큼 지나친 미덕은 없다."라고 J. 라 브뤼예르가 말했다. 감사는 해도 해도 또 나오고 지나칠 정도로 해도 더 많이 행복해지고 주변 세상을 아름답게 변화시킨다.

18
긍정적으로, 감사로 꿈을 꿔라

인생을 위대하게 하고,
행복하게 하고, 원하는 대로 이루어지게 해 주는 비밀이
감사에 있다.

– 론다 번 –

"감사는 성공을 이끄는 중요한 동기부여이자 평범한 사람들의 성공 에너지의 근원이다."라고 큰 성공을 이룬 사람들은 말한다. 행복하고 성공한 사람들은 공통적으로 매일같이 하루도 빠지지 않고 감사할 점들을 5가지씩 일기장에다 적는다.

뇌과학 연구자들은 감사한 마음을 가지고 그것을 어떤 식으로 표현하는 사람들은 그렇지 않은 사람들보다 무려 백만 배의 힘을 더 발휘할 수 있다고 한다. 아인슈타인 같은 위대한 과학자도 사소한 것에 감사했다. 실험실의 비커에게도 감사하고, 동네 강아지가 짖어서 잠을 깨워도, 깨워줘서 감사하다고 강아지한테 말하는 특이한 과학자다. 하지만, 감사가 그의 성공과 연구의 성과를 내게 한 비결이라고 말한다면 당신은 믿

을 것인가? 하루에도 100번 이상 남들이 해 놓은 성과에 대해 감사하는 아인슈타인의 습관을 우리는 기억해야 할 것이다. 감사는 수많은 역경의 상황에서 크게 도약할 수 있는 회복력도 준다.

알아차린 점, 새로 배운 점, 자아성찰

19
운이 좋아지고 싶다면 지금 감사하라

감사는 우리를 행복하게 만들 수 있는
가장 간단한 방법이다.
- 오스카 와일드 -

감사는 과거에 대한 이해와 현재의 평화,
미래의 희망을 준다.
- 메롤디 비티 -

일본의 100만부 베스트 셀러 작가 혼다 켄은 《운을 부르는 49가지 말》에서 운명이 크게 좋아지는 말을 다음과 같이 꼽고 있다.

1. 감사할 줄 아는 사람에게는 운이 찾아온다.
2. 운이 좋은 사람은 감사 답변이 빠르다.
3. 감사는 슬픈 과거를 운이 좋은 과거로 바꾼다.
4. 자신에게 감사를 많이 하는 사람일수록 성공한다.
5. 신성한 장소에서 감사 명상을 한다.

✔ 지금 운이 좋아지는 과거를 감사해 보자.

1 나는 비록 과거에 _____ 했지만 그럼에도 불구하고 감사합니다.

2 나는 _____ 라는 과거 기억이 있지만 그것이 나를 이만큼 성장시켜 감사합니다.

3 나는 _____ 한 과거 모든 것에 대해 감사하겠습니다.

알아차린 점, 새로 배운 점, 자아성찰

20

몸의 영약, 감사

감사는 의학적으로
우리 심장이나 몸, 정서에 좋은 반응을 일으킨다.

- 넬슨 지니 -

브라이언 트레이시는 《백만불짜리 습관》에서 "일찍 자고 일찍 일어나는 습관을 길러라. 성공한 거의 대부분이 사람들은 일찍 자고 일찍 일어난다. 일찍 일어나면 건강하고 현명한 사람이 되고 돈을 많이 번다. 그리고 건강에 대해 감사해라."라고 말했다.

✔ 지금 내가 누리고 있는 건강에 감사해 보자.

1 나는 _____ 해서 건강해 감사합니다.

2 나는 건강을 위해 _____ 해서 감사합니다.

3 나는 _____ 하여 감사합니다.

21
감사에 너그러워지기

감사에 인색하지 말라.
사람들의 마음은 무의식중에 감사에 굶주려 있다.
- 브룩스 -

✔ **지금 이 순간 감사할 점들을 적어 보자.**

1 나는 _____ 해서 감사하다.

2 나는 _____ 때문에 감사하다.

3 나는 _____ 를 알게 되어 감사하다.

> 알아차린 점, 새로 배운 점, 자아성찰

22
감사를 기록하고 음미하기

기록하기를 좋아하라.
쉬지 말고 기록하라. 생각이 떠오르면 수시로 기록하라.
기억은 흐려지고 생각은 사라진다.
- 다산 정약용 -

감사는 하루를 귀중하게 여기고,
아무리 하찮은 것이라 할지라도 일상의 즐거움을 음미하게 해 준다.
- 레나타 모리츠 -

미국 펜실베니아 대학교 심리학 교수인 마틴 셀리그만 박사는 신문광고를 통해 감사 메모 쓸 412명의 지원자를 받았다. 그들에게 일주일 동안 삶에서 어떤 것이라도 좋으니 감사한 점들을 메모하게 시켰다. 딱 5분 동안 삶에서 감사한 점들을 적고, 가슴 뛰는 감정을 느끼고, 감사한 이유까지 적게 했더니 참가자 전원이 감사 메모를 하기 전보다 행복해졌다. 일주일 간 한 연구지만, 6개월 후에도 그들의 행복이 지속되었다. 우울증을 앓고 있었던 사람은 우울증이 약해지고, 세상에 대해서 비관하던 사람들이 감사 메모로 인해 세상에 대해 감사하게 되어 가슴이 뛰는 행복한 상상들을 하기 시작한 것이다.

23
호흡에도 감사를 담기

진실한 감사는 우리의 자존감을 높여 준다.
상대방에게 진심으로 감사의 마음을 표현하면
선량의 불꽃이 서서히 피어올라 우리의 자존감을 높여 줄 것이다.
- 샤흐르 -

이 모든 상황에서 감사할 수 있다면
삶은 진정으로 변하기 시작한다.
- 넬슨 -

'고맙습니다. 감사합니다'라는 말은 간단하지만
그 말을 내뱉는 순간, 그 자리의 공기를 바꾸는 힘이 있다.
- 론다 번 -

틱낫한 프랑스의 플럼 빌리지 불교 수행자는 감사 명상 복식 호흡은 스트레스를 줄이는 훌륭한 도구라고 말한다. "공기를 들이마시며 나의 육체를 안정시키고, 숨을 내쉬며 미소 짓고 현재의 순간으로 감사하며 돌아오자."라고 말한다.

24
감사를 헤아려 보라

가장 어려운 산수는
우리가 받은 축복과 감사에 대한 덧셈이다.
- 에릭 호퍼 -

감사하는 마음이 감사할 일을 부른다.
무엇인가에 감사할 줄 알면
감사한 일이 우리 인생에 더 많이 흘러 들어온다.
- 마시 시모프 -

감사로 가득찰 때마다
우리는 팽창하고, 진화하고, 성장한다.
- 존 디마티니 -

"**성**공이란 반복되는 실패 가운데서 감사와 열정을 잃지 않는 능력이다"라고 윈스턴 처칠이 말했다. 세상에서 위대한 일을 해내는 사람들은 넘어지고 슬럼프에 빠지고 고통을 받아도 그 자리에서 자신이 할 수 있는 아주 작고, 나부터, 지금부터 할 수 있는 감사한 일들을 찾아 실천한 사람들이다.

25
연습은 습관이 되고
인생이 된다

성공이라는 목표를 달성하기 위해서는
반드시 감사할 줄 아는 태도를 배워야 한다.

-사흐르 -

"감사는 성공을 이끄는 중요한 동기부여이자 평범한 사람들의 성공 에너지의 근원이다"라고 큰 성공을 이룬 사람들은 말한다. 행복하고 성공한 사람들은 공통적으로 매일같이 하루도 빠지지 않고 감사할 점들을 5가지 일기장에 적는다. 물질적으로만 풍요한 사람들은 감사한 점을 적는 사람들도 있고, 그렇지 않은 사람들도 있다. 하지만, 물질과 정신이 모두 풍요로운 사람들은 반드시 감사 일기를 적는다. 그것도 매일 습관처럼 적는다. 오프라 윈프리를 보자. 그녀는 매일 감사할 점 5개 적기를 10년 동안 한 것을 최고의 행복으로 여긴다.

인간은 정신을 마음대로 조절할 수가 있다. 감사 연습을 습관처럼 하면 두려움이나 근심을 쉽게 떨쳐버릴 수 있다. 두려움이나 미신, 무지와 가난은 사람들이 싸워서 이길 수가 있는 것들인데 대부분 기존 습관에 져서 부정적인 감정이 이끄는 대로 살아간다. 하지만, 정신은 자유자재로 조절할 수 있기 때문에 어떤 것이든 체념 대신 적극적으로 받아들이고, 거기에서부터 내가 할 수 있는 것이 무엇인지를 찾아 적극적으로 감사하며 실천한다면 좀 더 마음이 행복해질 것이다. 정신을 마음대로 조절할 수 있을 때 삶에 영향을 끼치는 그 어떤 상황도 조절할 수 있는 것이 인간 정신의 위대함이다.

시인 헨리는 우리가 원하는 방향으로 삶을 계획하고, 그 계획에 따라서 잘 살아갈 수 있게 해 주는 유일한 수단이 바로 감사하는 정신이라고 했다. 그래서 '감사하는 나 자신이 나의 운명의 주인이고, 영혼의 선장'이라는 말을 남겼다. 감사하는 정신은 남이 대신해 주는 것이 아니라 내가 스스로 하는 것이다. 그 습관이 운명을 바꿔 준다. 긍정적인 삶의 자세만이 일상의 삶에서 큰 보상을 받는다. 어떤 일이 있어도 삶을 긍정하고 감사한다면 이 세상에서 웬만한 삶의 풍파는 막을 수 있다. 감사 습관이 쌓이고 쌓이면 큰 성취를 이루어 성공할 수 있을 것이다.

> 알아차린 점, 새로 배운 점, 자아성찰

26
감사로 시작하고
감사로 끝내기

하루하루 일상에서 좋은 일들을 찾아내고 감사하는 것은
우리의 무한한 잠재력을 모으는 시초가 된다.
- 데보라 노빌 -

감사는 우리를 행복하게 만들 수 있는
가장 간단한 습관이다.
- 오스카 와일드 -

감사는 우리의 부정적, 비판적 자아를 눈 녹여내듯,
양육적 자아로 항해하기 시작한다.
- 마틴 셀리그만 -

감사로 하루를 시작하고, 감사로 끝마치자.
- 엄남미 -

미래의 감사 일기를 쓰면 꿈이 이루어진다

한때《시크릿》이 아주 인기 있었다. 그것과 비슷한 종류의《꿈꾸는 다락방》이란 책도 잘 팔렸다. 하지만 어느 순간 시크릿 열풍이 식었다. 어떤 사람은 시크릿을 해서 꿈을 이루고, 어떤 사람은 그런 것은 허무맹랑한 소리라면서 거들떠보지도 않는다. 당신은 어느 쪽에 속하는가? 시크릿은 미래에 내가 바라는 꿈을 간절히 상상하면 이루어진다는 뜻이다. 그래서 "비전 보드도 만들어 봐라. 바라는 꿈을 종이에다 써 보고 자주 들여다봐라. 비슷한 것은 비슷한 것들을 끌어당긴다."라며 수많은 사람들이 꿈에 부풀리게 하고, 시크릿만 하면 다 이루어질 것 같은 기분이 들게 했다.

하지만 사람들이 쉽게 간과하는 것이 있다. "원하는 것을 반드시 이루고 싶은가? 그렇다면 모든 것을 바쳐서 꿈에 헌신할 준비가 되어 있는가? 매일 원하는 것을 바라보면서 상상할 준비가 되어 있는가? 꿈의 목표를 이룰 행동을 열정적으로 할 수 있는가?"라는 질문에 반드시 "예"라고 대답해야만 이루어진다. 반면, "꿈이 나의 삶의 가치관과 부합한가? 예를 들면 나는 가족과 시간을 많이 보내고 행복하고 평화로운 삶을 원하는데 밤낮으로 야근만 하고 있는 건 아닌가?" 여기에 대답을 "예"라고 한다면 절대 이루어지지 않는다. 야근은 가족과의 시간을 보내는 것과 상충하고 가치가 충돌하기 때문에 진짜 바라는 것은 이루어지지 않는다. 돈만 좇다보면 가족을 소홀히 할 수 있기 때문이다.

대부분의 시크릿 류의 책을 읽은 독자들은 "나는 꿈을 위해 쉽고 편안한 길을 가겠어. 어디 하늘에서 행운이 떨어졌으면 좋겠어. 로또에 당첨되었으면 좋겠어. 생각은 해 보겠는데 실천하기 싫어. 다이어트는 무슨, 당장 눈앞에 커피, 술, 기름진 음식이 가득한데 먹고, 내일부터 하지 뭐."라는 생각을 무의식 중에 한다. 반면 시크릿에 성공한 사람들은 모든 에너지를 꿈에 쏟고 감사하며 '꿈의 가치관이 나를 행복하게 해 주는 것인가'를 질문한다. 하루도 빠짐없이 매일 그 꿈이 이루어졌을 때의 행복한 기분을 상상하고, 그 꿈을 위한 행동을 한다.

예를 들어 故정주영 회장은 "긍정적으로 사고하고 향상된 미래를 매일 꿈꿔라. 나는 새벽3~4시에 일어나 여러 가지 크고 작은 상상을 즐기고 조간신문을 본 뒤 새벽 목욕을 했다. 미래를 매일 긍정적으로 상상하고 공상을 즐기며 감사했다. 삶이 너무 설레어서 아침에 일어나는 것이 아주 좋았다."라고 했다. 젊은 시절부터 이렇게 살았던 사람의 성공의 크기를 많은 사람들이 존경하고 부러워하고 그런 정도의 꿈을 이루고자 한다. 하지만, 그가 한 것처럼 내가 매일 상상하고 시각화하고 행동할 수 있는가 말이다.

그래서 내가 제안하고자 하는 것이 미래의 감사 일기다. 지금은 아이들이 어려서 가정에 가치를 두어서 아이들을 키우고 잘 성장시키는 것이 간절할 수 있다. 그럼 먼저 간절한 목표를 이루고 난 후, 아이들이 다

커서 시간이 넉넉해질 때 자아실현을 위한 목표를 만날 때 전에 미래를 그려둔 미리 감사한 일기가 떠오른다. 그러면 그것이 간절한 열망과 함께 발아하기 시작한다. 원하고 바라는 것이 이미 이루어진 듯 미래 시점에 이미 그 꿈이 다 이루어졌다고 가정하고 감사하다는 일기를 구체적으로 적는다. 그리고 그것을 자주 보는 냉장고, 컴퓨터, 침대 옆, 방문, 부엌에다 감사 메모를 해 둔다. 반드시 '꿈이 이루어져서 감사합니다.'라는 말을 넣는 것이 끌어당김의 힘을 강화시킨다.

꿈 감사 일기를 매일 본다. 만약 매일 보게 되지 않는 꿈은 지우고 다른 걸 써 놓아야 한다. 꼭 종이가 아니더라도 SNS 상에 자신의 꿈을 사람들과 공유하는 것도 긍정 압력을 내는 데 좋다. 꿈을 자주 보고, 그것을 강하게 느끼고, 감사할 때 뇌신경이 활성화된다. 인디언들의 기우제는 반드시 100% 이루어진다. 왜냐하면 비가 내릴 때까지 기우제를 지내기 때문이다. 나도 미래 감사 일기를 수시로 적고 들여다본다. 그중 많은 것들이 이루어진다. 미래의 시점으로 가서 이미 이루어진 데에 대해 감사하기 때문에 뇌는 현실과 상상을 구분 못한다. 그래서 이루어질 때까지 감사한 마음으로 들여다보면 꿈이 이루어질 것이다. 중요한 건 지속이다.

알아차린 점, 새로 배운 점, 자아성찰

27
모든 걸 회복하게 하는
감사 탄력성

나에게 그것들이 없었다면
나는 얼마나 그것을 갈망했을 것인가를 생각해 보고
감사하게 여겨라.

- 마르쿠스 아우렐리우스 -

스트레스를 받지 않는 사람은 없다. 역경은 누구에게나 있다. 스트레스와 역경을 그냥 바라만 보고 있을지, 아니면 지금 이 순간에 감사하며 힘차게 구름판 삼아 뛰어 넘을지는 개인의 선택이다. 스트레스 연구의 대가 한스 셀리는 1958년 스트레스 연구로 노벨 의학상을 받았다. 하버드 대학교에서 고별 강연을 했다. 강의가 끝나고 한 학생이 질문했다.

"교수님, 현대인들은 스트레스로 괴로워합니다. 도처에 스트레스 받을 것이 가득합니다. 스트레스를 해소할 수 있는 비결 한 가지를 말씀해 주십시오."

"감사하며 살아라. 'Be impressed and grateful in every being' - 세상에 존재하는 모든 것들에 대해 감동하고 감사하며 살아야 하느니라."
"네 감사합니다. 교수님, 꼭 명심하겠습니다."

그 학생은 훗날 어떤 역경에도 굴하지 않고 감사를 구름판 삼아 건강한 삶을 살았다. 뇌과학자들은 말한다. "감사하면 세로토닌이 온 몸에 쏟아진다. 어떤 어려움이 와도 마음을 평정시키고 행복하게 해 준다." 장수하는 사람들 중에는 감사를 실천하는 사람들이 많다. 의학적으로 감사가 건강에 좋다고 한다. 감사하면 마음속에 미움, 시기, 질투가 사라지고, 심장 박동이 고르고 규칙적으로 뛰어 몸을 건강한 상태로 만든다.

감사 회복 탄력성이란 온갖 역경, 고통, 어려움, 삶의 문제들을 구름판 삼아 헤쳐 나가는 힘을 말한다. 세상에는 수많은 불의의 사고를 당한 사람들이 있다. 하지만, 어떤 사람들은 오히려 그 역경을 긍정적으로 뛰어넘는다. 사고가 나기 전보다 더 행복하게 사는 사람들이 있다. 서울대 이상묵 교수님은 미국에 지질 조사 연구하러 갔다가 차가 전복되는 바람에 입밖에 못 움직이는 전신 마비 장애인이 되었다. 하지만 처음부터 사고를 받아들이고 뇌를 쓸 수 있고, 입을 움직일 수 있는 것에 감사하며 서울대에서 강의한다. 마우스를 입김으로 불어 휠체어를 움직인다. 불의의 사고를 감사로 극복했다.

최근 신경심장학에서 뇌를 연구하듯이 심장을 연구했다. 신경과학의 발달로 심장이 뇌처럼 독자적으로 뇌 신호를 처리한다는 것이 밝혀졌다. 우리는 모든 행동을 관장하는 것이 뇌라고 생각하는데 사실은 심장이다.

마음이 심장에 있다고 하는 말은 괜히 하는 말이 아니다. 심장에서 살아가는 힘이 나온다. 최근 10년 동안 사회과학자들은 스트레스를 줄이기 위해 명상을 하고, 휴식을 하거나, 몸을 차분히 가라앉히는 것보다 더 강력한 힐링 방법이 '감사하기'임을 알아냈다. 심장, 호흡, 혈압의 리듬을 완벽하게 긍정적인 상태로 만들어 주는 연구가 McCraty & Childre (2004) 논문을 통해 밝혀졌다. 좌절을 느끼면 심장 박동이 빨라진다. 감사함을 느끼면 박동이 변화하기는 하나 아름답게 규칙적으로 뛴다.

나도 이런 경험을 했다. 마라톤 10km를 주로 뛰다가 하프(21.075km)에 도전했다. 10km 지점을 지나자 숨이 차서 '감사 명상'을 들었다. 신기하게 마음이 안정되었다. "지금 살아있음에 감사합니다. 오늘 하루도 잘 보낼 수 있음에 감사합니다. 감사합니다. 감사합니다. 감사합니다." 계속해서 2시간 동안 '감사합니다'는 말을 들으며 뛰었더니 몸은 힘들었지만 끝까지 포기하지 않고 완주했다. 감사 명상이 아니었으면 호흡이 고통스러웠을 것이다.

신경심장학에서 연구했다. '감사하기'는 호흡도 아름답게 변화시키고 혈압의 리듬도 안정적으로 변화시킨다. 그런 상태를 체험하고 나니 더 이상 감사하기를 미룰 수 없었다. 생활 속에서 모든 순간에 감사하자 마음먹고 '감사하기' 프로젝트를 실시했다. 감사하면 할수록 삶이 긍정적으로 바뀐다. 생활 환경이 긍정적으로 변하는 걸 보면서 감사에는 어떤 비밀이 숨겨져 있을까 궁금했다. 여러 문헌을 조사한 결과 '감사하기'가 삶을 성공적으로 행복하게 살아가는 비결이란 걸 알게 되었다.

성공적인 삶을 살고 있는 의학박사 이시형은 "감사하는 생활을 잊어서는 안 된다"고 말한다. 홍천에 '힐리언스 선마을'을 지었다. 힐리언스 선마을은 휴식과 명상, 힐링 장소를 제공한다. 문명의 이기를 최소화했다. 자연에서 주는 모든 혜택에 감사하게 만드는 평화로운 곳이다. 기회가 있으면 꼭 한 번 방문하길 추천한다. 이시형 박사는 아침에 일찍 일어나 발에게도 감사한다.

"발아 수고했다. 고맙다. 조심할게. 오늘도 잘 부탁해."

호오 컨설팅에서 감사를 전파하고 있는 영국 스코틀란드 데이비드는 테드 강연에서 이렇게 말했다.

"무언가 소중한 경험이 주어졌을 때 감사한다. 소중한 순간들이 주어질 때마다 감사한다. 그런데 그것들이 공짜로 주어질 때 감사한다"

우리가 공짜로 얻는 것, 바람, 공기, 호흡, 자연 등에 감사한다. 삶에서 그냥 얻을 수 있는 것에 감사하라. 사람들은 무엇을 하든지 행복하길 원한다. 행복하기 위해선 삶에서 그냥 얻어지는 것들에 대해 감사하자. '무료'라고 적힌 글을 읽었다.

따뜻한 햇볕 무료
시원한 바람 무료
아침 일출 무료
저녁 노을 무료
붉은 장미 무료

흰 눈 무료

어머니 사랑 무료

아이들 웃음 무료

무얼 더 바래

욕심 없는 삶 무료

삶에서 어떤 역경도 다 이겨내는 감사 회복 탄력성을 기르기 위해 훈련이 필요하다. 감사하기가 습관이 되려면 최소 12개월을 지속하면 좋다. 잠자리에 들기 전에 오늘 감사한 일 3가지를 이 책에 적어보거나, 아침에 일어나자마자 오늘 하루를 살면서 무료로 받은 생의 호흡에 대해 감사한 점들을 깊이 느낀다. 종이 위에 연필로 적으면 감사 회복 탄력성이 더 높아진다. 뇌의 기억의 고착성 때문에 오는 자극이 다르다.

✔ **지금 이 순간 감사한 점을 떠올려 보자.**

1 _____ 를 알게 되어 감사합니다.

2 _____ 가 감사합니다.

3 _____ 해서 감사합니다.

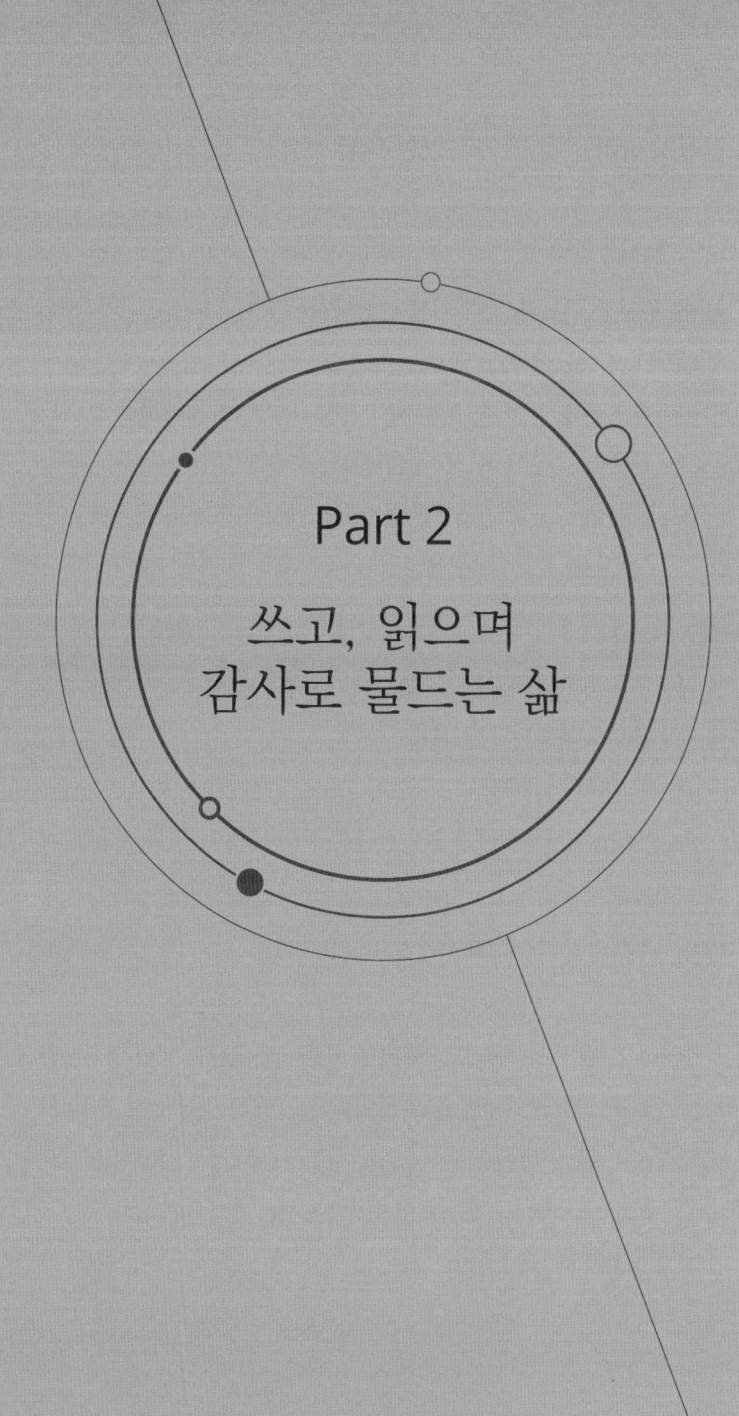

Part 2
쓰고, 읽으며
감사로 물드는 삶

간절히 바라는 것 한 가지 쓰는 이유

뇌에 운동적 기능과 지적 기능을 담당하는 RAS(reticular activating system) 망상 활성화계는 외부 환경에서 받아들이는 감각정보를 걸러 주는 역할을 한다. 보고, 듣고, 느끼고, 맛보는 모든 것을 걸러낸다. 뇌는 1초에 4억 비트 이상의 정보를 처리하는데 이 많은 정보 중에 망상 활성 화계에서 2,000비트만 의식으로 걸러내고 나머진 의식 밖으로 다 버린 다. 중요한 정보만 추출하고 나머진 버리는 망상 활성화계는 이미지에 아주 강하게 반응한다. 잠재의식을 담당하는 우뇌는 1초에 1,100비트 의 고속으로 정보를 처리한다. 반면, 언어 논리를 담당하는 좌뇌는 처리 속도가 40비트밖에 되지 않는다.

잠재의식과 현재의식이 충돌하면 반드시 상상인 이미지의 승리다. 이 때 이미지를 생생하게 묘사하는 글은 잠재의식을 완전히 활성화시켜 수 많은 동시성의 증거를 생활 속에 보여줄 것이다.

우뇌는 1,100비트 속도로 신념이나 생생하게 묘사한 이미지에 부합 하는 정보를 생각과 감정에 따라 보내준다. 그래서 언제나 잠재의식이 이기게 되어 있다. 아인슈타인이 지적한 상상과 이성이 싸우면 언제나 상상이 이긴다는 말이 바로 잠재의식의 중요성을 말하는 것이다.

자신의 목표나 꿈에 대한 생생한 이미지를 긍정 단어로 정리하여 '간절히 바라는 것 한 가지'에 중요한 정보로 잠재의식에 각인시킨다. 망상 활성화계가 움직여 간절함을 들어줄 것이다.

쓰면 이루어지는 이유

세상에 둘도 없는 나와의 약속과 선언

자신에게 실망하거나 부정적인 감정을 느낀 적이 있을 것이다. 대부분 자신과의 약속을 지키지 않았기 때문이다. 자신을 좀 더 사랑해주는 내면의 깊은 속삭임, 저녁에 일찍 들어와서 책을 좀 보자고 스스로에게 말하는 내면의 셀프 토크, 전부 자신과의 말의 약속이다. 이 약속을 지키지 않으면 영혼은 계속 약속한 행동을 하라고 끊임없이 마음속 테이프로 반복한다.

이제는 나를 먼저 스스로 돌보는 시간을 따로 떼어내야 한다. 자신과 약속한 것들을 잘 이행하고 있는지 이 책으로 확인해 봐야 한다. 아무도 나 이외의 나에게 영향력을 끼칠 수 없다. 오직 나 자신이 이 세상의 주인공이다. 내가 내 삶을 긍정하여 좋은 삶을 살게 하도록 허용하지 않으면 그 누구도 나를 대신해서 나의 인생을 좋게 바꿀 수 없다. 그래서 자기 긍정 확언이다. 자신만이 스스로의 생각을 바꿀 수 있는 자유의지가 있다. 한 생각을 잘 돌려서 하루 중 어느 때라도 자신과의 약속을 한 이 책을 꺼내서 잘 하고 있는지 자신의 간절한 소원이 잘 진행되어 가고 있는지 체크해 보자.

다음과 같이 자신과 약속합니다.
선언을 기억하기 위해 밑줄 친 부분에 따라서 써 보거나
자신만의 약속을 정합니다.

1. 나는 하루 중 어느 때라도 마음이 평화롭지 않으면 이 책을 펼칠 것이다.

_____

2. 나는 매일 나와의 약속에 따라 시간을 떼어 내어 고요한 시간을 가질 것이다.

_____

3. 나는 어떤 일이 있어도 나를 소홀히 대하지 않을 것이다.

_____

4. 나는 나 자신과의 약속을 잘 지킬 것이다.

_____

5. 이 세상에서 가장 중요한 사람은 바로 행복한 '나'다.

_____

이 책의 활용 방법

✔ 날짜를 꼭 쓰도록 한다

> 1일차   Date 2021 . 05 . 05

하루를 거르더라도 그 다음 날부터 다시 쓴다.

369일을 완성하는 날을 자신을 위한 축하의 날로 정해서 큰 보상을 준다. (예를 들어 해외여행, 가장 비싸서 못 샀던 것 사 주기, 홀로 여행 떠나기, 좋은 식당에서 친구들과 축하 파티하기 등등)

✔ 긍정 확언을 따라 쓴다

> - 내 직장은 평화로운 안식처다.
> - 나는 내 직업을 사랑으로 축복한다.
> - 나는 모든 곳에 사랑의 메시지를 보낸다.
>
> _내 직장은 평화로운 안식처다._
>
> _나는 내 직업을 사랑으로 축복한다._
>
> _나는 모든 곳에 사랑의 메시지를 보낸다._

긍정 확언 3개 밑에 3줄은 위에 적혀 있는 긍정 확언을 따라 쓰면서 한 글자씩 잠재의식에 새긴다. (이때 필기도구는 연필이나 자신이 가장 좋아하는 색의 볼펜이면 좋다. 글씨에다 그림을 그려두 좋다. 잠재의식은 다양한 색을 사용할 때 끌어당김의 힘이 강해진다.)

✔ 자신에게 힘이 되는 긍정의 말을 써 본다면?

여기 2줄은 자신에게 힘이 되는 응원의 문구를 쓴다.

> ♥ 자신에게 힘이 되는 긍정의 말을 써 본다면?
>
> (자신의 이름)야, 너는 오늘 발표 아주 자신감 있게 잘 해서 큰 찬사와 박수를 받을 거야.

✔ 지금 감사한 이유는?

지금 감사할 방법을 모르겠다면 다음의 예시를 참고하자

> ♥ 지금 감사한 이유는?
>
> 오늘 늦게 나왔는데도 제 시간에 출근을 해서 안심이라서 감사하다.
>
> 엄마의 부재 에도 불구하고 스스로 잘 챙겨 뿌듯 해서 감사하다.
>
> 사랑하는 가족과 소중한 내 주위 사람들과 강아지가 있기 때문에 감사하다.

✔ 간절히 바라는 것 한 가지는?

자신에게 가장 지금 간절한 한 가지 소원을 적는다. 작은 목표가 큰 성공을 가져온다. 자신의 소원을 되도록 노력해서 들어주자.

> ♥ 간절히 바라는 것 한 가지는?
>
> 오늘 저녁 일찍 들어와서 반신욕하기.

Part 3
감사로 행복한 지금

1일차   *Date*   .   .

- 내 직장은 평화로운 안식처다.
- 나는 내 직업을 사랑으로 축복한다.
- 나는 모든 곳에 사랑의 메시지를 보낸다.

_____

_____

_____

♥ **자신에게 힘이 되는 긍정의 말을 써 본다면?**

_____

_____

♥ **지금 감사한 이유는?**

_____ 라서 감사하다.

_____ 에도 불구하고 _____ 해서 감사하다.

_____ 가 있기 때문에 감사하다.

♥ **간절히 바라는 것 한 가지는?**

_____

2일차　　　　　　　　　*Date*　　．　　．

- 내 직장은 따뜻함과 편안함과 사랑으로 보답한다.
- 나는 평화롭다.
- 내가 어디에 있든 무한 행복, 지혜, 조화, 사랑만이 존재한다.

_____

_____

_____

♥ 자신에게 힘이 되는 긍정의 말을 써 본다면?

_____

_____

♥ 지금 감사한 이유는?

_____라서 감사하다.

_____ 에도 불구하고 _____ 해서 감사하다.

_____ 가 있기 때문에 감사하다.

♥ 간절히 바라는 것 한 가지는?

_____

3일차   *Date*   .   .

- 나는 지금 이 순간 행복을 느낀다.
- 나는 유연한 마음을 가진다.
- 나는 좋은 습관을 실천한다.

_____

_____

_____

♥ **자신에게 힘이 되는 긍정의 말을 써 본다면?**

_____

_____

♥ **지금 감사한 이유는?**

_____ 라서 감사하다.

_____ 에도 불구하고 _____ 해서 감사하다.

_____ 가 있기 때문에 감사하다.

♥ **간절히 바라는 것 한 가지는?**

_____

4일차

- 나는 물질과 정신의 균형적인 삶을 실천한다.
- 나는 타인에게 봉사하는 마음과 목표를 가진다.
- 나는 신, 진리, 더 높은 목표와의 약속을 지키도록 노력한다.

_____

_____

_____

♥ 자신에게 힘이 되는 긍정의 말을 써 본다면?

_____

_____

♥ 지금 감사한 이유는?

_____ 라서 감사하다.

_____ 에도 불구하고 _____ 해서 감사하다.

_____ 가 있기 때문에 감사하다.

♥ 간절히 바라는 것 한 가지는?

_____

5일차   *Date*   .   .

- 나는 스스로 평화와 균형을 지키는 훈련을 한다.
- 나는 올바른 이성과 지혜를 키운다.
- 나는 성공을 향해 도전한다.

_____

_____

_____

♥ **자신에게 힘이 되는 긍정의 말을 써 본다면?**

_____

_____

♥ **지금 감사한 이유는?**

_____ 라서 감사하다.

_____ 에도 불구하고 _____ 해서 감사하다.

_____ 가 있기 때문에 감사하다.

♥ **간절히 바라는 것 한 가지는?**

_____

6일차

Date . .

- 나는 나의 생각을 잘 표현한다.
- 나는 얻은 것에 만족한다.
- 나는 매 순간 감사한다.

_____

_____

_____

♥ 자신에게 힘이 되는 긍정의 말을 써 본다면?

_____

_____

♥ 지금 감사한 이유는?

_____ 라서 감사하다.

_____ 에도 불구하고 _____ 해서 감사하다.

_____ 가 있기 때문에 감사하다.

♥ 간절히 바라는 것 한 가지는?

_____

7일차   *Date*   .   .

- 나는 우주에 존재하는 모든 선과 풍요에 마음을 연다.
- 나는 행운과 운과 부와 성공을 지금 받아들인다.
- 나는 차원 간의 문이 열리고 신비 체험을 한다.

___

___

___

♥ 자신에게 힘이 되는 긍정의 말을 써 본다면?

___

___

♥ 지금 감사한 이유는?

_____ 라서 감사하다.

_____ 에도 불구하고 _____ 해서 감사하다.

_____ 가 있기 때문에 감사하다.

♥ 간절히 바라는 것 한 가지는?

___

8일차   *Date*   .   .

- 나는 매일 내 몸이 더 건강해진다.
- 나는 매일 깊은 사랑을 느낀다.
- 나는 부자가 된다.

_____

_____

_____

♥ 자신에게 힘이 되는 긍정의 말을 써 본다면?

_____

_____

♥ 지금 감사한 이유는?

_____라서 감사하다.

_____ 에도 불구하고 _____ 해서 감사하다.

_____가 있기 때문에 감사하다.

♥ 간절히 바라는 것 한 가지는?

_____

9일차　　　　　　　　　　*Date*　　　．　　．

- 나는 필요한 것을 다 얻는다.
- 나는 매일 몸이 더 젊어진다.
- 나는 매일 신성이 내 삶에 나타나게 한다.

_____

_____

_____

♥ **자신에게 힘이 되는 긍정의 말을 써 본다면?**

_____

_____

♥ **지금 감사한 이유는?**

_____ 라서 감사하다.

_____ 에도 불구하고 _____ 해서 감사하다.

_____ 가 있기 때문에 감사하다.

♥ **간절히 바라는 것 한 가지는?**

_____

10일차

- 나의 동반자는 나와 뜻을 같이 하고, 솔선수범한다.
- 나는 매일 동시성이 늘어난다.
- 나는 매일 온전하다고 느낀다.

___

___

___

♥ **자신에게 힘이 되는 긍정의 말을 써 본다면?**

___

___

♥ **지금 감사한 이유는?**

_____라서 감사하다.

_____에도 불구하고 _____해서 감사하다.

_____가 있기 때문에 감사하다.

♥ **간절히 바라는 것 한 가지는?**

___

11일차　　　　　　　　　*Date*　　　．　　．

- 나의 면역체계는 더 강해진다.
- 나는 용기 있게 살아간다.
- 나는 뭐든 할 수 있는 천재다.

_____

_____

_____

♥ **자신에게 힘이 되는 긍정의 말을 써 본다면?**

_____

_____

♥ **지금 감사한 이유는?**

_____ 라서 감사하다.

_____ 에도 불구하고 _____ 해서 감사하다.

_____ 가 있기 때문에 감사하다.

♥ **간절히 바라는 것 한 가지는?**

_____

12일차   *Date*   .   .

- 나는 내 생각의 주인이다.
- 나는 뜻하는 바의 내가 될 수 있다.
- 나는 할 수 있다.

_____

_____

_____

♥ 자신에게 힘이 되는 긍정의 말을 써 본다면?

_____

_____

♥ 지금 감사한 이유는?

_____ 라서 감사하다.

_____ 에도 불구하고 _____ 해서 감사하다.

_____ 가 있기 때문에 감사하다.

♥ 간절히 바라는 것 한 가지는?

_____

13일차   Date   .   .

- 나는 방법만 배우면 된다.
- 나는 존경 받는다.
- 인생은 정말 쉽다.

_____

_____

_____

♥ 자신에게 힘이 되는 긍정의 말을 써 본다면?

_____

_____

♥ 지금 감사한 이유는?

_____ 라서 감사하다.

_____ 에도 불구하고 _____ 해서 감사하다.

_____ 가 있기 때문에 감사하다.

♥ 간절히 바라는 것 한 가지는?

_____

14일차
Date   .   .

- 정말 멋지다.
- 온갖 좋은 일이 일어난다.
- 우아하게, 침착하게, 자신감 있게 오늘도 전진!

_____

_____

_____

♥ **자신에게 힘이 되는 긍정의 말을 써 본다면?**

_____

_____

♥ **지금 감사한 이유는?**

_____ 라서 감사하다.

_____ 에도 불구하고 _____ 해서 감사하다.

_____ 가 있기 때문에 감사하다.

♥ **간절히 바라는 것 한 가지는?**

_____

15일차 *Date*   .   .

- 나는 매일 더 온전하다고 느낀다.
- 나의 건강 면역체계가 더 강해진다.
- 나는 강하고 용기 있게 살아간다.

_____

_____

_____

♥ **자신에게 힘이 되는 긍정의 말을 써 본다면?**

_____

_____

♥ **지금 감사한 이유는?**

_____ 라서 감사하다.

_____ 에도 불구하고 _____ 해서 감사하다.

_____ 가 있기 때문에 감사하다.

♥ **간절히 바라는 것 한 가지는?**

_____

16일차　　　　　　　　　　　Date　　.　　.

- 나는 내 안에 그리고 내 주변에 있는 힘을 항상 자각한다.
- 나는 나 자신을 믿는다.
- 나는 미지의 것들을 받아들인다.

_____

_____

_____

♥ **자신에게 힘이 되는 긍정의 말을 써 본다면?**

_____

_____

♥ **지금 감사한 이유는?**

_____ 라서 감사하다.

_____ 에도 불구하고 _____ 해서 감사하다.

_____ 가 있기 때문에 감사하다.

♥ **간절히 바라는 것 한 가지는?**

_____

17일차   *Date*   .   .

- 나는 요청하면 영의 응답을 받는다.
- 나는 풍요와 사람들을 끌어당기는 자석이다.
- 나는 모든 종류의 풍요로움을 끌어당긴다.

_____

_____

_____

♥ **자신에게 힘이 되는 긍정의 말을 써 본다면?**

_____

_____

♥ **지금 감사한 이유는?**

_____라서 감사하다.

_____에도 불구하고 _____해서 감사하다.

_____가 있기 때문에 감사하다.

♥ **간절히 바라는 것 한 가지는?**

_____

18일차

Date   .   .

- 나는 깊이 감사함을 느끼고 아주 잘 보상 받는다.
- 나는 사랑하고 풍요롭고 조화로운 우주에 산다.
- 나는 유연한 마음을 가진다.

♥ 자신에게 힘이 되는 긍정의 말을 써 본다면?

♥ 지금 감사한 이유는?

_____ 라서 감사하다.

_____ 에도 불구하고 _____ 해서 감사하다.

_____ 가 있기 때문에 감사하다.

♥ 간절히 바라는 것 한 가지는?

19일차

- 나는 좋은 습관을 평생 실천한다.
- 나는 물질과 정신의 균형 잡힌 삶을 훈련한다.
- 나는 언제나 기록하고 관찰하고 분석한다.

♥ **자신에게 힘이 되는 긍정의 말을 써 본다면?**

♥ **지금 감사한 이유는?**

_____ 라서 감사하다.

_____ 에도 불구하고 _____ 해서 감사하다.

_____ 가 있기 때문에 감사하다.

♥ **간절히 바라는 것 한 가지는?**

20일차

- 나는 놀라울 만큼 강한 리더십을 발휘한다.
- 나는 지식으로서의 리더십이 아니라 행동하는 리더십을 발휘한다.
- 나는 더 크게 꿈꾸고, 더 크게 생각하고, 더 크게 행동한다.

_____

_____

_____

♥ 자신에게 힘이 되는 긍정의 말을 써 본다면?

_____

_____

♥ 지금 감사한 이유는?

_____ 라서 감사하다.

_____ 에도 불구하고 _____ 해서 감사하다.

_____ 가 있기 때문에 감사하다.

♥ 간절히 바라는 것 한 가지는?

_____

21일차   *Date*   .   .

- 나는 새로운 도전에 눈을 돌린다.
- 나는 꿈이 있다.
- 나는 마음만 있으면 이루지 못할 것이 없다.

_____

_____

_____

♥ **자신에게 힘이 되는 긍정의 말을 써 본다면?**

_____

_____

♥ **지금 감사한 이유는?**

_____ 라서 감사하다.

_____ 에도 불구하고 _____ 해서 감사하다.

_____ 가 있기 때문에 감사하다.

♥ **간절히 바라는 것 한 가지는?**

_____

22일차

- 나는 성공 사례를 시스템화해서 단 한 사람이라도 더 값진 인생을 살게 한다.
- 나는 먼저 나 자신이 바뀌어서 그 일을 한다.
- 나는 매 순간 기억에 감사한다.

_____

_____

_____

♥ 자신에게 힘이 되는 긍정의 말을 써 본다면?

_____

_____

♥ 지금 감사한 이유는?

_____라서 감사하다.

_____에도 불구하고 _____해서 감사하다.

_____가 있기 때문에 감사하다.

♥ 간절히 바라는 것 한 가지는?

_____

23일차   *Date*   .   .

- 나는 매 순간 깨어있는 삶을 산다.
- 나는 순간을 의식한다.
- 나는 의식 있는 삶을 산다.

_____

_____

_____

♥ **자신에게 힘이 되는 긍정의 말을 써 본다면?**

_____

_____

♥ **지금 감사한 이유는?**

_____ 라서 감사하다.

_____ 에도 불구하고 _____ 해서 감사하다.

_____ 가 있기 때문에 감사하다.

♥ **간절히 바라는 것 한 가지는?**

_____

24일차　　　　　Date　　．　．

- 나는 더 넓게 바라본다.
- 나는 의식의 가장 높은 단계로 올라간다.
- 나는 이미 최고다.

_____

_____

_____

♥ 자신에게 힘이 되는 긍정의 말을 써 본다면?

_____

_____

♥ 지금 감사한 이유는?

_____ 라서 감사하다.

_____ 에도 불구하고 _____ 해서 감사하다.

_____ 가 있기 때문에 감사하다.

♥ 간절히 바라는 것 한 가지는?

_____

25일차   *Date*   .   .

- 나는 애쓰지 않는다.
- 나는 모든 집착을 놓아준다.
- 나는 용서하고, 사랑하고, 온화하고, 친절하다.

_____

_____

_____

♥ 자신에게 힘이 되는 긍정의 말을 써 본다면?

_____

_____

♥ 지금 감사한 이유는?

_____ 라서 감사하다.

_____ 에도 불구하고 _____ 해서 감사하다.

_____ 가 있기 때문에 감사하다.

♥ 간절히 바라는 것 한 가지는?

_____

26일차

Date . .

- 나는 먼저 사과한다.
- 나는 먼저 용서한다.
- 나는 먼저 감사한다.

_____

_____

_____

♥ **자신에게 힘이 되는 긍정의 말을 써 본다면?**

_____

_____

♥ **지금 감사한 이유는?**

_____ 라서 감사하다.

_____ 에도 불구하고 _____ 해서 감사하다.

_____ 가 있기 때문에 감사하다.

♥ **간절히 바라는 것 한 가지는?**

_____

27일차　　　　　　　　　　*Date*　　.　　.

- 나는 먼저 사랑한다.
- 나는 먼저 행복하다.
- 나는 삶이 나를 사랑한다는 것을 안다.

_____

_____

_____

♥ **자신에게 힘이 되는 긍정의 말을 써 본다면?**

_____

_____

♥ **지금 감사한 이유는?**

_____ 라서 감사하다.

_____ 에도 불구하고 _____ 해서 감사하다.

_____ 가 있기 때문에 감사하다.

♥ **간절히 바라는 것 한 가지는?**

_____

28일차   Date   .   .

- 나는 삶이 나를 믿는다는 것을 안다.
- 나는 변화에 직면할 때 내면을 고요하게 유지할 힘이 있다.
- 나는 평화롭다.

_____

_____

_____

♥ 자신에게 힘이 되는 긍정의 말을 써 본다면?

_____

_____

♥ 지금 감사한 이유는?

_____ 라서 감사하다.

_____ 에도 불구하고 _____ 해서 감사하다.

_____ 가 있기 때문에 감사하다.

♥ 간절히 바라는 것 한 가지는?

_____

29일차　　　　　　　*Date*　　．　．

- 나는 조화롭다.
- 나는 고요하다.
- 내가 먼저 나를 용서할 때 타인을 용서하는 것이 쉽다.

♥ **자신에게 힘이 되는 긍정의 말을 써 본다면?**

♥ **지금 감사한 이유는?**

_____ 라서 감사하다.

_____ 에도 불구하고 _____ 해서 감사하다.

_____ 가 있기 때문에 감사하다.

♥ **간절히 바라는 것 한 가지는?**

30일차　　　　　　　　　　*Date*　　．　．

- 나는 우리 가족을 그들의 있는 모습 그대로 사랑한다.
- 나는 우리 가족을 있는 모습 그대로 받아들인다.
- 나는 우리 가족을 지금의 모습 그대로 존중한다.

_____

_____

_____

♥ **자신에게 힘이 되는 긍정의 말을 써 본다면?**

_____

_____

♥ **지금 감사한 이유는?**

_____ 라서 감사하다.

_____ 에도 불구하고 _____ 해서 감사하다.

_____ 가 있기 때문에 감사하다.

♥ **간절히 바라는 것 한 가지는?**

_____

31일차　　　　　　　　　　*Date*　　.　　.

- 나는 나를 믿는다.
- 나는 지금의 나의 모습을 있는 그대로 정확히 인정한다.
- 나는 나를 사랑한다.

_____

_____

_____

♥ 자신에게 힘이 되는 긍정의 말을 써 본다면?

_____

_____

♥ 지금 감사한 이유는?

_____ 라서 감사하다.

_____ 에도 불구하고 _____ 해서 감사하다.

_____ 가 있기 때문에 감사하다.

♥ 간절히 바라는 것 한 가지는?

_____

32일차　　　　　　　　　*Date*　　.　　.

- 내가 완벽하지 않음을 용서한다.
- 나는 내가 알고 있는 한도에서 최선을 다한다.
- 나는 다른 사람들을 변화시킬 수 없다.

_____

_____

_____

♥ 자신에게 힘이 되는 긍정의 말을 써 본다면?

_____

_____

♥ 지금 감사한 이유는?

_____라서 감사하다.

_____에도 불구하고 _____해서 감사하다.

_____가 있기 때문에 감사하다.

♥ 간절히 바라는 것 한 가지는?

_____

33일차

- 나는 우리 가족을 변화시킬 수 없다.
- 대신 나는 우리 가족을 있는 그대로 받아들인다.
- 나는 단순히 나 자신을 있는 그대로의 나로 받아들인다.

___

___

___

♥ **자신에게 힘이 되는 긍정의 말을 써 본다면?**

___

___

♥ **지금 감사한 이유는?**

_____ 라서 감사하다.
_____ 에도 불구하고 _____ 해서 감사하다.
_____ 가 있기 때문에 감사하다.

♥ **간절히 바라는 것 한 가지는?**

___

34일차   *Date*   .   .

- 내 과거의 상처를 놓아주는 것은 안전하다.
- 나는 다른 사람들을 책임질 수 없다는 것을 안다.
- 우리는 자신들만의 의식 속에서 살아간다.

_____

_____

_____

♥ 자신에게 힘이 되는 긍정의 말을 써 본다면?

_____

_____

♥ 지금 감사한 이유는?

_____ 라서 감사하다.

_____ 에도 불구하고 _____ 해서 감사하다.

_____ 가 있기 때문에 감사하다.

♥ 간절히 바라는 것 한 가지는?

_____

35일차

- 개인들은 모두 영혼의 목적이 있다.
- 나는 삶의 기본 원칙으로 돌아간다.
- 나는 용서, 용기, 감사, 사랑, 유머, 웃음, 미소, 노래 등, 삶의 기본 원칙대로 산다.

_____

_____

_____

♥ 자신에게 힘이 되는 긍정의 말을 써 본다면?

_____

_____

♥ 지금 감사한 이유는?

_____ 라서 감사하다.

_____ 에도 불구하고 _____ 해서 감사하다.

_____ 가 있기 때문에 감사하다.

♥ 간절히 바라는 것 한 가지는?

_____

36일차

Date   .   .

- 내 삶에 다가오는 인연들은 나에게 줄 교훈을 가지고 있다.
- 우리가 함께 하는 이유가 있다.
- 우리가 인연으로 맺어진 이유는 목적이 있다.

_____

_____

_____

♥ 자신에게 힘이 되는 긍정의 말을 써 본다면?

_____

_____

♥ 지금 감사한 이유는?

_____ 라서 감사하다.

_____ 에도 불구하고 _____ 해서 감사하다.

_____ 가 있기 때문에 감사하다.

♥ 간절히 바라는 것 한 가지는?

_____

37일차   *Date*   .   .

- 나는 과거에 나에게 잘못한 모든 사람들을 용서한다.
- 나는 나의 과거의 사람들을 사랑으로 놓아준다.
- 내 앞에 놓인 모든 변화들은 긍정적인 것이다.

_____

_____

_____

♥ 자신에게 힘이 되는 긍정의 말을 써 본다면?

_____

_____

♥ 지금 감사한 이유는?

_____라서 감사하다.

_____ 에도 불구하고 _____ 해서 감사하다.

_____가 있기 때문에 감사하다.

♥ 간절히 바라는 것 한 가지는?

_____

38일차

- 나는 안전하다.
- 나는 자신감이 있다.
- 나에게는 멈추지 않는 자신감이 있다.

♥ **자신에게 힘이 되는 긍정의 말을 써 본다면?**

♥ **지금 감사한 이유는?**

_____ 라서 감사하다.

_____ 에도 불구하고 _____ 해서 감사하다.

_____ 가 있기 때문에 감사하다.

♥ **간절히 바라는 것 한 가지는?**

39일차　　　　　　*Date*　　.　　.

- 나는 용기가 있다.
- 나는 나의 고유한 힘을 발휘한다.
- 나는 내가 얼마나 위대한 존재인지 안다.

_____

_____

_____

♥ 자신에게 힘이 되는 긍정의 말을 써 본다면?

_____

_____

♥ 지금 감사한 이유는?

_____ 라서 감사하다.

_____ 에도 불구하고 _____ 해서 감사하다.

_____ 가 있기 때문에 감사하다.

♥ 간절히 바라는 것 한 가지는?

_____

40일차

- 나는 지혜롭다.
- 나는 아름답다.
- 나는 나를 있는 모습 그대로 사랑한다.

_____

_____

_____

♥ 자신에게 힘이 되는 긍정의 말을 써 본다면?

_____

_____

♥ 지금 감사한 이유는?

_____ 라서 감사하다.

_____ 에도 불구하고 _____ 해서 감사하다.

_____ 가 있기 때문에 감사하다.

♥ 간절히 바라는 것 한 가지는?

_____

41일차 *Date* . .

- 나는 나 자신을 사랑하고, 기뻐하기로 결정한다.
- 나는 내가 가진 힘을 받아들인다.
- 나는 삶을 책임지고 있다.

_____

_____

_____

♥ 자신에게 힘이 되는 긍정의 말을 써 본다면?

_____

_____

♥ 지금 감사한 이유는?

_____ 라서 감사하다.

_____ 에도 불구하고 _____ 해서 감사하다.

_____ 가 있기 때문에 감사하다.

♥ 간절히 바라는 것 한 가지는?

_____

42일차　　　　Date　　.　　.

- 나는 나의 가능성을 충분히 펼치고 있다.
- 나는 내가 원하는 사람이 될 수 있다.
- 나는 멋진 삶을 살고 있다.

_____

_____

_____

♥ 자신에게 힘이 되는 긍정의 말을 써 본다면?

_____

_____

♥ 지금 감사한 이유는?

_____ 라서 감사하다.

_____ 에도 불구하고 _____ 해서 감사하다.

_____ 가 있기 때문에 감사하다.

♥ 간절히 바라는 것 한 가지는?

_____

43일차   *Date*   .   .

- 나는 삶을 사랑으로 채운다.
- 나의 넘치는 사랑은 나로부터 나온다.
- 내 삶은 내가 지배한다.

♥ **자신에게 힘이 되는 긍정의 말을 써 본다면?**

♥ **지금 감사한 이유는?**

_____ 라서 감사하다.

_____ 에도 불구하고 _____ 해서 감사하다.

_____ 가 있기 때문에 감사하다.

♥ **간절히 바라는 것 한 가지는?**

44일차　　　　　　　　　*Date*　　.　　.

- 나는 힘있는 사람이다.
- 나는 사랑받고 존중받는다.
- 나는 누군가에게 복종하지 않는다.

_____

_____

_____

♥ **자신에게 힘이 되는 긍정의 말을 써 본다면?**

_____

_____

♥ **지금 감사한 이유는?**

_____ 라서 감사하다.

_____ 에도 불구하고 _____ 해서 감사하다.

_____ 가 있기 때문에 감사하다.

♥ **간절히 바라는 것 한 가지는?**

_____

45일차

- 나는 자유롭다.
- 나는 새로운 삶의 방식을 배운다.
- 나는 홀로 있어도 마음의 평화를 유지한다.

♥ 자신에게 힘이 되는 긍정의 말을 써 본다면?

♥ 지금 감사한 이유는?

_____ 라서 감사하다.

_____ 에도 불구하고 _____ 해서 감사하다.

_____ 가 있기 때문에 감사하다.

♥ 간절히 바라는 것 한 가지는?

46일차

Date   .   .

- 나는 어디에 있든 기뻐하고 즐거워한다.
- 나는 나 자신을 사랑하고 즐거워한다.
- 나는 삶으로 인해 충만하다.

_____

_____

_____

♥ 자신에게 힘이 되는 긍정의 말을 써 본다면?

_____

_____

♥ 지금 감사한 이유는?

_____라서 감사하다.

_____에도 불구하고 _____해서 감사하다.

_____가 있기 때문에 감사하다.

♥ 간절히 바라는 것 한 가지는?

_____

47일차 　　　　　　　　　*Date*　　.　　.

- 나는 인생의 모든 걸 탐구할 것이다.
- 나는 내가 온전해지는 과정을 사랑한다.
- 나는 지금 이 순간 여기에서 생동감 있는 삶을 산다.

_____

_____

_____

♥ **자신에게 힘이 되는 긍정의 말을 써 본다면?**

_____

_____

♥ **지금 감사한 이유는?**

_____ 라서 감사하다.

_____ 에도 불구하고 _____ 해서 감사하다.

_____ 가 있기 때문에 감사하다.

♥ **간절히 바라는 것 한 가지는?**

_____

48일차   Date   .   .

- 나의 삶은 사랑으로 채워져 있다.
- 나는 혼자만의 시간이 주는 선물을 받아들인다.
- 내가 필요한 것에 나 자신을 헌신한다.

_____

_____

_____

♥ **자신에게 힘이 되는 긍정의 말을 써 본다면?**

_____

_____

♥ **지금 감사한 이유는?**

_____라서 감사하다.

_____에도 불구하고 _____해서 감사하다.

_____가 있기 때문에 감사하다.

♥ **간절히 바라는 것 한 가지는?**

_____

49일차　　　　　　　　　*Date*　　．　．

- 성장하는 것은 안전한 일이다.
- 나는 안전하며, 내 인생의 모든 일이 잘된다.
- 내 삶의 모든 것이 다 잘되고 있다.

_____

_____

_____

♥ **자신에게 힘이 되는 긍정의 말을 써 본다면?**

_____

_____

♥ **지금 감사한 이유는?**

_____ 라서 감사하다.

_____ 에도 불구하고 _____ 해서 감사하다.

_____ 가 있기 때문에 감사하다.

♥ **간절히 바라는 것 한 가지는?**

_____

50일차 　　　　　　　　　*Date*　　．　．

- 나는 항상 안전하다.
- 나는 신성한 보호를 받고 있다.
- 내게 필요한 모든 지식이 나에게로 온다.

_____

_____

_____

♥ **자신에게 힘이 되는 긍정의 말을 써 본다면?**

_____

_____

♥ **지금 감사한 이유는?**

_____ 라서 감사하다.

_____ 에도 불구하고 _____ 해서 감사하다.

_____ 가 있기 때문에 감사하다.

♥ **간절히 바라는 것 한 가지는?**

_____

51일차

- 나는 필요로 하는 모든 것들을 가장 완벽한 시간과 공간에서 오게 한다.
- 내 인생은 사랑과 기쁨으로 가득차 있다.
- 나는 사랑이 넘치며, 그 사랑을 받고 있다.

_____

_____

_____

♥ **자신에게 힘이 되는 긍정의 말을 써 본다면?**

_____

_____

♥ **지금 감사한 이유는?**

_____ 라서 감사하다.

_____ 에도 불구하고 _____ 해서 감사하다.

_____ 가 있기 때문에 감사하다.

♥ **간절히 바라는 것 한 가지는?**

_____

52일차

Date   .   .

- 나는 활기차며 건강하다.
- 나는 어딜 가든지 항상 잘된다.
- 나는 끊임없이 변화하고 성장한다.

_____

_____

_____

♥ 자신에게 힘이 되는 긍정의 말을 써 본다면?

_____

_____

♥ 지금 감사한 이유는?

_____ 라서 감사하다.

_____ 에도 불구하고 _____ 해서 감사하다.

_____ 가 있기 때문에 감사하다.

♥ 간절히 바라는 것 한 가지는?

_____

53일차　　　　　　　　　*Date*　　.　　.

- 나의 현재 모습은 과거에 했던 생각의 결과다.
- 나는 지금 내 미래를 창조한다.
- 나는 나를 믿는다.

_____

_____

_____

♥ 자신에게 힘이 되는 긍정의 말을 써 본다면?

_____

_____

♥ 지금 감사한 이유는?

_____라서 감사하다.

_____에도 불구하고 _____해서 감사하다.

_____가 있기 때문에 감사하다.

♥ 간절히 바라는 것 한 가지는?

_____

54일차　　　　　Date　　.　　.

- 나는 나를 창조한다.
- 나는 나에 대해 좋게 느끼기로 결정한다.
- 나는 되도록 좋은 생각을 한다.

_____

_____

_____

♥ **자신에게 힘이 되는 긍정의 말을 써 본다면?**

_____

_____

♥ **지금 감사한 이유는?**

_____ 라서 감사하다.

_____ 에도 불구하고 _____ 해서 감사하다.

_____ 가 있기 때문에 감사하다.

♥ **간절히 바라는 것 한 가지는?**

_____

55일차 　　　　　　　　*Date*　　．　．

- 나는 과거의 내가 아니다.
- 나는 원하는 것에 의도적으로 집중하고 좋은 감정을 발산한다.
- 나는 내 운명의 설계자다.

_____

_____

_____

♥ **자신에게 힘이 되는 긍정의 말을 써 본다면?**

_____

_____

♥ **지금 감사한 이유는?**

_____ 라서 감사하다.

_____ 에도 불구하고 _____ 해서 감사하다.

_____ 가 있기 때문에 감사하다.

♥ **간절히 바라는 것 한 가지는?**

_____

56일차

Date   .   .

- 나는 내 운명의 저자이며 주인공이다.
- 나는 내 인생 영화의 감독이다.
- 나는 오직 원하는 일에 집중한다.

_____

_____

_____

♥ 자신에게 힘이 되는 긍정의 말을 써 본다면?

_____

_____

♥ 지금 감사한 이유는?

_____ 라서 감사하다.

_____ 에도 불구하고 _____ 해서 감사하다.

_____ 가 있기 때문에 감사하다.

♥ 간절히 바라는 것 한 가지는?

_____

57일차　　　　　　　　*Date*　　．　　．

- 나는 좋은 것을 받고 있다.
- 나는 모든 좋은 것이 나에게 오도록 허용한다.
- 나는 행복하다.

_____

_____

_____

♥ **자신에게 힘이 되는 긍정의 말을 써 본다면?**

_____

_____

♥ **지금 감사한 이유는?**

_____ 라서 감사하다.

_____ 에도 불구하고 _____ 해서 감사하다.

_____ 가 있기 때문에 감사하다.

♥ **간절히 바라는 것 한 가지는?**

_____

58일차   *Date*   .   .

- 나는 풍요롭다.
- 나는 건강하다.
- 나는 사랑이다.

_____

_____

_____

♥ 자신에게 힘이 되는 긍정의 말을 써 본다면?

_____

_____

♥ 지금 감사한 이유는?

_____ 라서 감사하다.

_____ 에도 불구하고 _____ 해서 감사하다.

_____ 가 있기 때문에 감사하다.

♥ 간절히 바라는 것 한 가지는?

_____

59일차

- 나는 늘 시간을 잘 맞춘다.
- 나는 늘 젊다.
- 나는 매일 에너지가 넘친다.

_____

_____

_____

♥ **자신에게 힘이 되는 긍정의 말을 써 본다면?**

_____

_____

♥ **지금 감사한 이유는?**

_____ 라서 감사하다.

_____ 에도 불구하고 _____ 해서 감사하다.

_____ 가 있기 때문에 감사하다.

♥ **간절히 바라는 것 한 가지는?**

_____

60일차 　　　　　　　　　　*Date* 　　．　．

- 나는 온전하고 완벽하고 튼튼하고 강하고 정다울 뿐 아니라 조화롭고 행복하다.
- 나는 무한한 존재다.
- 나는 내 생각을 인식한다.

_____

_____

_____

♥ **자신에게 힘이 되는 긍정의 말을 써 본다면?**

_____

_____

♥ **지금 감사한 이유는?**

_____ 라서 감사하다.

_____ 에도 불구하고 _____ 해서 감사하다.

_____ 가 있기 때문에 감사하다.

♥ **간절히 바라는 것 한 가지는?**

_____

61일차   *Date*   .   .

- 나는 지금 내가 무슨 생각을 하고 있는지 질문한다.
- 나는 현재를 의식한다.
- 나는 대단하다.

_____

_____

_____

♥ **자신에게 힘이 되는 긍정의 말을 써 본다면?**

_____

_____

♥ **지금 감사한 이유는?**

_____ 라서 감사하다.

_____ 에도 불구하고 _____ 해서 감사하다.

_____ 가 있기 때문에 감사하다.

♥ **간절히 바라는 것 한 가지는?**

_____

62일차

- 나는 훌륭하다.
- 나는 바르게 생각한다.
- 나는 세상보다 큰 힘이다.

_____

_____

_____

♥ 자신에게 힘이 되는 긍정의 말을 써 본다면?

_____

_____

♥ 지금 감사한 이유는?

_____ 라서 감사하다.

_____ 에도 불구하고 _____ 해서 감사하다.

_____ 가 있기 때문에 감사하다.

♥ 간절히 바라는 것 한 가지는?

_____

63일차　　　　　　　　　*Date*　　.　　.

- 나는 내가 생각하는 것보다 훨씬 더 강하다.
- 나는 내가 사랑하는 일을 한다.
- 나는 내가 하는 일을 사랑한다.

_____

_____

_____

♥ **자신에게 힘이 되는 긍정의 말을 써 본다면?**

_____

_____

♥ **지금 감사한 이유는?**

_____ 라서 감사하다.

_____ 에도 불구하고 _____ 해서 감사하다.

_____ 가 있기 때문에 감사하다.

♥ **간절히 바라는 것 한 가지는?**

_____

64일차

Date . .

- 나는 몰입해서 일한다.
- 나는 지금 바로 나 자신의 웅대함을 받아들인다.
- 나의 세상에서는 모든 것이 좋다.

_____

_____

_____

♥ 자신에게 힘이 되는 긍정의 말을 써 본다면?

_____

_____

♥ 지금 감사한 이유는?

_____ 라서 감사하다.

_____ 에도 불구하고 _____ 해서 감사하다.

_____ 가 있기 때문에 감사하다.

♥ 간절히 바라는 것 한 가지는?

_____

65일차 *Date*   .   .

- 나는 편안하다.
- 나는 여유롭다.
- 나는 긍정적이다.

_____

_____

_____

♥ **자신에게 힘이 되는 긍정의 말을 써 본다면?**

_____

_____

♥ **지금 감사한 이유는?**

_____ 라서 감사하다.

_____ 에도 불구하고 _____ 해서 감사하다.

_____ 가 있기 때문에 감사하다.

♥ **간절히 바라는 것 한 가지는?**

_____

66일차

- 나는 완전히 건강하다.
- 나는 지금 행복하다.
- 나는 나를 사랑한다.

_____

_____

_____

♥ 자신에게 힘이 되는 긍정의 말을 써 본다면?

_____

_____

♥ 지금 감사한 이유는?

_____ 라서 감사하다.

_____ 에도 불구하고 _____ 해서 감사하다.

_____ 가 있기 때문에 감사하다.

♥ 간절히 바라는 것 한 가지는?

_____

67일차

- 나는 내가 참 좋아.
- 나는 나를 아껴.
- 나는 나의 모든 것을 아껴.

♥ **자신에게 힘이 되는 긍정의 말을 써 본다면?**

♥ **지금 감사한 이유는?**

_____라서 감사하다.

_____에도 불구하고 _____해서 감사하다.

_____가 있기 때문에 감사하다.

♥ **간절히 바라는 것 한 가지는?**

68일차　　　　　Date 　.　　.

- 나는 나의 모든 면을 받아들여.
- 나는 항상 긍정적이야.
- 나는 항상 낙천적이야.

_____

_____

_____

♥ 자신에게 힘이 되는 긍정의 말을 써 본다면?

_____

_____

♥ 지금 감사한 이유는?

_____ 라서 감사하다.

_____ 에도 불구하고 _____ 해서 감사하다.

_____ 가 있기 때문에 감사하다.

♥ 간절히 바라는 것 한 가지는?

_____

69일차   *Date*   .   .

- 나는 항상 좋은 면을 본다.
- 나는 항상 밝은 면을 본다.
- 나는 모든 면에서 긍정적인 사람이 되어 간다.

_____

_____

_____

♥ 자신에게 힘이 되는 긍정의 말을 써 본다면?

_____

_____

♥ 지금 감사한 이유는?

_____라서 감사하다.

_____에도 불구하고 _____해서 감사하다.

_____가 있기 때문에 감사하다.

♥ 간절히 바라는 것 한 가지는?

_____

70일차

Date   .   .

- 나는 매일 모든 면에서 긍정적인 사람이 된다.
- 나는 매일 모든 면에서 점점 더 나아지고 있다.
- 나는 매일 모든 면에서 점점 더 건강해지고 있다.

♥ 자신에게 힘이 되는 긍정의 말을 써 본다면?

♥ 지금 감사한 이유는?

_____라서 감사하다.

_____에도 불구하고 _____해서 감사하다.

_____가 있기 때문에 감사하다.

♥ 간절히 바라는 것 한 가지는?

71일차　　　　　　　　　*Date*　　．　　．

- 나는 매일 모든 면에서 모든 상황이 다 좋아지고 있다.
- 나는 모든 것을 있는 그대로 받아들인다.
- 나는 내 몸의 모든 부분을 받아들인다.

_____

_____

_____

♥ 자신에게 힘이 되는 긍정의 말을 써 본다면?

_____

_____

♥ 지금 감사한 이유는?

_____ 라서 감사하다.

_____ 에도 불구하고 _____ 해서 감사하다.

_____ 가 있기 때문에 감사하다.

♥ 간절히 바라는 것 한 가지는?

_____

72일차   *Date*   .   .

- 나는 내 몸을 사랑한다.
- 내 주위 모든 사람들이 다들 평온하다.
- 나는 여유가 있다.

_____

_____

_____

♥ 자신에게 힘이 되는 긍정의 말을 써 본다면?

_____

_____

♥ 지금 감사한 이유는?

_____ 라서 감사하다.

_____ 에도 불구하고 _____ 해서 감사하다.

_____ 가 있기 때문에 감사하다.

♥ 간절히 바라는 것 한 가지는?

_____

73일차 　　　　　　　　　　　*Date* 　.　　.

- 나는 편안한 마음이 있다.
- 나는 모든 것이 편안하다.
- 내 인생은 평온하다.

_____

_____

_____

♥ **자신에게 힘이 되는 긍정의 말을 써 본다면?**

_____

_____

♥ **지금 감사한 이유는?**

_____라서 감사하다.

_____에도 불구하고 _____해서 감사하다.

_____가 있기 때문에 감사하다.

♥ **간절히 바라는 것 한 가지는?**

_____

74일차　　　　　Date　　.　　.

- 내 마음의 평온이 주위를 환하게 비춘다.
- 내 몸은 편안하다.
- 내 마음은 편안하다.

_____

_____

_____

❤ 자신에게 힘이 되는 긍정의 말을 써 본다면?

_____

_____

❤ 지금 감사한 이유는?

_____라서 감사하다.

_____에도 불구하고 _____해서 감사하다.

_____가 있기 때문에 감사하다.

❤ 간절히 바라는 것 한 가지는?

_____

75일차

- 나의 모든 것이 편안하다.
- 내 인생은 편안하다.
- 내 가족은 편안하다.

___

♥ 자신에게 힘이 되는 긍정의 말을 써 본다면?

___

♥ 지금 감사한 이유는?

_____라서 감사하다.

_____에도 불구하고 _____해서 감사하다.

_____가 있기 때문에 감사하다.

♥ 간절히 바라는 것 한 가지는?

___

76일차

- 내 영혼이 편안하다.
- 내 집도 편안하다.
- 나는 안전하다.

_____

_____

_____

♥ **자신에게 힘이 되는 긍정의 말을 써 본다면?**

_____

_____

♥ **지금 감사한 이유는?**

_____라서 감사하다.

_____에도 불구하고 _____해서 감사하다.

_____가 있기 때문에 감사하다.

♥ **간절히 바라는 것 한 가지는?**

_____

77일차

- 나는 변화에 직면할 때 편안하다.
- 나는 언제나 긍정적이고 낙천적이다.
- 나는 누구에게나 밝게 미소 짓는다.

_____

_____

_____

♥ **자신에게 힘이 되는 긍정의 말을 써 본다면?**

_____

_____

♥ **지금 감사한 이유는?**

_____ 라서 감사하다.

_____ 에도 불구하고 _____ 해서 감사하다.

_____ 가 있기 때문에 감사하다.

♥ **간절히 바라는 것 한 가지는?**

_____

78일차

Date   .   .

- 나는 모든 사람들에게 긍정적인 말로 용기를 준다.
- 나는 타인을 도움으로써 행복해진다.
- 나는 긍정적이다.

_____

_____

_____

♥ **자신에게 힘이 되는 긍정의 말을 써 본다면?**

_____

_____

♥ **지금 감사한 이유는?**

_____ 라서 감사하다.

_____ 에도 불구하고 _____ 해서 감사하다.

_____ 가 있기 때문에 감사하다.

♥ **간절히 바라는 것 한 가지는?**

_____

79일차　　　　　　　　　　*Date*　　．　．

- 나는 항상 긍정적이다.
- 나는 모든 면에서 긍정적이다.
- 나는 매일 긍정적인 삶을 살아간다.

_____

_____

_____

♥ **자신에게 힘이 되는 긍정의 말을 써 본다면?**

_____

_____

♥ **지금 감사한 이유는?**

_____ 라서 감사하다.

_____ 에도 불구하고 _____ 해서 감사하다.

_____ 가 있기 때문에 감사하다.

♥ **간절히 바라는 것 한 가지는?**

_____

80일차

Date   .   .

- 나는 즐겁고 기쁘게 해낼 수 있다.
- 나는 오직 진리인 긍정만을 본다.
- 나는 내 안의 잠재 가능성을 끌어낸다.

_____

_____

_____

♥ **자신에게 힘이 되는 긍정의 말을 써 본다면?**

_____

_____

♥ **지금 감사한 이유는?**

_____ 라서 감사하다.
_____ 에도 불구하고 _____ 해서 감사하다.
_____ 가 있기 때문에 감사하다.

♥ **간절히 바라는 것 한 가지는?**

_____

81일차

- 나는 날마다 모든 것이 전부 다 선으로 바뀌게 한다.
- 나는 타인에게 기여한다.
- 나는 모든 두려움, 의심을 놓아 버린다.

___
___
___

♥ **자신에게 힘이 되는 긍정의 말을 써 본다면?**

___
___

♥ **지금 감사한 이유는?**

_____라서 감사하다.

_____에도 불구하고 _____해서 감사하다.

_____가 있기 때문에 감사하다.

♥ **간절히 바라는 것 한 가지는?**

___

82일차　　　　　　　　　*Date*　　．　．

- 나에게 삶은 쉽고 단순하다.
- 나는 나를 위해 스트레스 없는 세상을 만든다.
- 나는 목과 어깨의 긴장을 풀어주고 편안히 이완한다.

_____

_____

_____

♥ 자신에게 힘이 되는 긍정의 말을 써 본다면?

_____

_____

♥ 지금 감사한 이유는?

_____ 라서 감사하다.

_____ 에도 불구하고 _____ 해서 감사하다.

_____ 가 있기 때문에 감사하다.

♥ 간절히 바라는 것 한 가지는?

_____

83일차   *Date*   .   .

- 나는 천천히 숨을 들이마시고 내쉰다.
- 숨을 쉴 때마다 점점 더 편안해지는 나를 느낀다.
- 나는 무엇이든 할 수 있는 사람이다.

_____

_____

_____

♥ 자신에게 힘이 되는 긍정의 말을 써 본다면?

_____

_____

♥ 지금 감사한 이유는?

_____ 라서 감사하다.

_____ 에도 불구하고 _____ 해서 감사하다.

_____ 가 있기 때문에 감사하다.

♥ 간절히 바라는 것 한 가지는?

_____

84일차　　　　　　　　　　*Date*　　.　　.

- 나는 나에게 오는 어떤 문제라도 잘 다룬다.
- 나는 중심이 잡혀 있고 초점이 목표에 잘 맞춰져 있다.
- 나는 매일 더 안전하다고 느낀다.

_____

_____

_____

♥ **자신에게 힘이 되는 긍정의 말을 써 본다면?**

_____

_____

♥ **지금 감사한 이유는?**

_____ 라서 감사하다.

_____ 에도 불구하고 _____ 해서 감사하다.

_____ 가 있기 때문에 감사하다.

♥ **간절히 바라는 것 한 가지는?**

_____

85일차 *Date*   .   .

- 나는 감정을 표현할 때 안전하다.
- 나는 어떤 상황에서도 지극히 내면이 평화롭다.
- 나는 재정을 다룰 때 편안함을 느낀다.

_____

_____

_____

♥ **자신에게 힘이 되는 긍정의 말을 써 본다면?**

_____

_____

♥ **지금 감사한 이유는?**

_____라서 감사하다.

_____ 에도 불구하고 _____ 해서 감사하다.

_____ 가 있기 때문에 감사하다.

♥ **간절히 바라는 것 한 가지는?**

_____

86일차   *Date*   .   .

- 나는 삶을 신뢰한다.
- 나는 나를 믿는다.
- 나는 하루 동안 일어나는 어떤 문제라도 잘 다룰 수 있다.

_____

_____

_____

♥ **자신에게 힘이 되는 긍정의 말을 써 본다면?**

_____

_____

♥ **지금 감사한 이유는?**

_____ 라서 감사하다.

_____ 에도 불구하고 _____ 해서 감사하다.

_____ 가 있기 때문에 감사하다.

♥ **간절히 바라는 것 한 가지는?**

_____

87일차

- 나는 내가 할 수 있다고 믿는다.
- 나는 스트레스는 단지 두려움이란 걸 안다.
- 나는 지금 모든 두려움을 놓아 버린다.

♥ 자신에게 힘이 되는 긍정의 말을 써 본다면?

♥ 지금 감사한 이유는?

_____ 라서 감사하다.

_____ 에도 불구하고 _____ 해서 감사하다.

_____ 가 있기 때문에 감사하다.

♥ 간절히 바라는 것 한 가지는?

88일차　　　　　　　　　*Date*　　　．　　．

- 나는 내 운명의 선장이다.
- 나는 내 행운의 작가다.
- 나는 내 제국을 만드는 건설자다.

_____

_____

_____

♥ **자신에게 힘이 되는 긍정의 말을 써 본다면?**

_____

_____

♥ **지금 감사한 이유는?**

_____ 라서 감사하다.

_____ 에도 불구하고 _____ 해서 감사하다.

_____ 가 있기 때문에 감사하다.

♥ **간절히 바라는 것 한 가지는?**

_____

89일차　　　　　　　Date　　.　　.

- 나는 이 모든 일을 상위 자아를 위해서 한다.
- 나는 내 위대한 재능을 존중한다.
- 나는 이 모든 일을 내가 사랑하는 사람들을 위해 한다.

_____

_____

_____

♥ **자신에게 힘이 되는 긍정의 말을 써 본다면?**

_____

_____

♥ **지금 감사한 이유는?**

_____라서 감사하다.

_____에도 불구하고 _____해서 감사하다.

_____가 있기 때문에 감사하다.

♥ **간절히 바라는 것 한 가지는?**

_____

90일차

- 나는 전설적인 존재다.
- 나는 인류애를 실천한다.
- 나는 위대하다.

_____

_____

_____

♥ **자신에게 힘이 되는 긍정의 말을 써 본다면?**

_____

_____

♥ **지금 감사한 이유는?**

_____ 라서 감사하다.

_____ 에도 불구하고 _____ 해서 감사하다.

_____ 가 있기 때문에 감사하다.

♥ **간절히 바라는 것 한 가지는?**

_____

91일차   *Date*   .   .

- 나는 성공의 빛을 비춘다.
- 나는 어딜 가든 번성한다.
- 나는 생을 다할 때까지 새로운 긍정적인 도전을 한다.

_____

_____

_____

♥ **자신에게 힘이 되는 긍정의 말을 써 본다면?**

_____

_____

♥ **지금 감사한 이유는?**

_____라서 감사하다.

_____에도 불구하고 _____해서 감사하다.

_____가 있기 때문에 감사하다.

♥ **간절히 바라는 것 한 가지는?**

_____

92일차

Date   .   .

- 나는 모험을 적극적으로 한다.
- 나는 나와 타인의 건강, 행복, 부, 풍요를 위해 기꺼이 나 자신과 다른 사람들을 돕는다.
- 나는 반드시 밝은 면과 낙천적인 면만을 발견한다.

_____

_____

_____

♥ 자신에게 힘이 되는 긍정의 말을 써 본다면?

_____

_____

♥ 지금 감사한 이유는?

_____ 라서 감사하다.

_____ 에도 불구하고 _____ 해서 감사하다.

_____ 가 있기 때문에 감사하다.

♥ 간절히 바라는 것 한 가지는?

_____

93일차 *Date* . .

- 나는 항상 최선의 행동을 한다.
- 나는 올바른 방향을 설정한다.
- 나는 타인의 성공을 마치 내가 이룬 듯 기뻐한다.

___
___
___

♥ **자신에게 힘이 되는 긍정의 말을 써 본다면?**

___
___

♥ **지금 감사한 이유는?**

_____라서 감사하다.

_____에도 불구하고 _____해서 감사하다.

_____가 있기 때문에 감사하다.

♥ **간절히 바라는 것 한 가지는?**

___

94일차　　　　　　　　　*Date*　　.　　.

- 나는 과거의 실패를 통해 배운다.
- 나는 미래의 희망을 본다.
- 나는 타인에게 본보기가 되기 위해서라도 자기 향상에 매진한다.

_____

_____

_____

♥ **자신에게 힘이 되는 긍정의 말을 써 본다면?**

_____

_____

♥ **지금 감사한 이유는?**

_____ 라서 감사하다.

_____ 에도 불구하고 _____ 해서 감사하다.

_____ 가 있기 때문에 감사하다.

♥ **간절히 바라는 것 한 가지는?**

_____

95일차

- 나는 인내하고 노고하고 참고 견디어 내가 목표한 곳에 이르겠다.
- 나는 고난을 찬스로 생각하여 기쁘게 나아간다.
- 나는 어떤 사람과 상황도 두려워하지 않는 강인함을 지닌다.

♥ **자신에게 힘이 되는 긍정의 말을 써 본다면?**

♥ **지금 감사한 이유는?**

_____ 라서 감사하다.

_____ 에도 불구하고 _____ 해서 감사하다.

_____ 가 있기 때문에 감사하다.

♥ **간절히 바라는 것 한 가지는?**

96일차

- 내가 할 일은 모두 제때에 한다.
- 내가 해야 할 때이고, 내가 해야 할 일들이기 때문이다.
- 가장 어려운 일을 먼저 한다.

_____

_____

_____

♥ 자신에게 힘이 되는 긍정의 말을 써 본다면?

_____

_____

♥ 지금 감사한 이유는?

_____ 라서 감사하다.

_____ 에도 불구하고 _____ 해서 감사하다.

_____ 가 있기 때문에 감사하다.

♥ 간절히 바라는 것 한 가지는?

_____

97일차

- 내가 하는 일은 잘 풀리게 되어 있다.
- (　　　　　　　　　)의 판매가 매일 호전되고 있다.
- 나는 어려운 일에 부딪혀도 마음의 안정을 유지한다.

___
___
___

♥ 자신에게 힘이 되는 긍정의 말을 써 본다면?

___
___

♥ 지금 감사한 이유는?

_____ 라서 감사하다.

_____ 에도 불구하고 _____ 해서 감사하다.

_____ 가 있기 때문에 감사하다.

♥ 간절히 바라는 것 한 가지는?

___

98일차   *Date*   .   .

- 결국 자신과 관계된 일은 전부 잘된다는 믿음이 있다.
- 그 신념이 있기 때문에 끊임없이 더 멋진 생각이 떠오른다.
- 나에게는 운 좋은 일이 계속 일어난다.

_____

_____

_____

♥ 자신에게 힘이 되는 긍정의 말을 써 본다면?

_____

_____

♥ 지금 감사한 이유는?

_____ 라서 감사하다.

_____ 에도 불구하고 _____ 해서 감사하다.

_____ 가 있기 때문에 감사하다.

♥ 간절히 바라는 것 한 가지는?

_____

99일차　　　　　　　　　*Date*　　.　　.

- 나는 잠재의식에 풍요로움을 입력한다.
- 나는 성공한다.
- 나는 반드시 성공한다.

_____

_____

_____

♥ 자신에게 힘이 되는 긍정의 말을 써 본다면?

_____

_____

♥ 지금 감사한 이유는?

_____ 라서 감사하다.

_____ 에도 불구하고 _____ 해서 감사하다.

_____ 가 있기 때문에 감사하다.

♥ 간절히 바라는 것 한 가지는?

_____

100일차　　　　　Date　　.　　.

- 나는 성취의식이 강하다.
- 나는 잠재의식에 힘을 주는 말만 한다.
- 나는 낱말이 의미하는 긍정적인 상태와 환경이 나에게 오는 걸 느낀다.

_____

_____

_____

♥ 자신에게 힘이 되는 긍정의 말을 써 본다면?

_____

_____

♥ 지금 감사한 이유는?

_____ 라서 감사하다.

_____ 에도 불구하고 _____ 해서 감사하다.

_____ 가 있기 때문에 감사하다.

♥ 간절히 바라는 것 한 가지는?

_____

101일차 Date   .   .

- 나는 번영한다.
- 나는 번창한다.
- 나는 잘된다.

___
___
___

♥ **자신에게 힘이 되는 긍정의 말을 써 본다면?**

___
___

♥ **지금 감사한 이유는?**

_____라서 감사하다.

_____에도 불구하고 _____해서 감사하다.

_____가 있기 때문에 감사하다.

♥ **간절히 바라는 것 한 가지는?**

___

102일차   *Date*   .   .

- 나는 무조건 잘된다.
- 나는 성공의 빛이다.
- 나는 돈을 자석같이 끌어당긴다.

_____

_____

_____

♥ 자신에게 힘이 되는 긍정의 말을 써 본다면?

_____

_____

♥ 지금 감사한 이유는?

_____ 라서 감사하다.

_____ 에도 불구하고 _____ 해서 감사하다.

_____ 가 있기 때문에 감사하다.

♥ 간절히 바라는 것 한 가지는?

_____

103일차   *Date*   .   .

- 나에게로 모든 종류의 풍요로움이 몰려온다.
- 나는 삶으로부터 더 좋은 것을 받아들이도록 마음의 문을 연다.
- 내가 일하는 곳이 어디가 되었든지 간에 깊게 감사하고 보상 또한 잘 받는다.

_____

_____

_____

♥ **자신에게 힘이 되는 긍정의 말을 써 본다면?**

_____

_____

♥ **지금 감사한 이유는?**

_____라서 감사하다.

_____에도 불구하고 _____해서 감사하다.

_____가 있기 때문에 감사하다.

♥ **간절히 바라는 것 한 가지는?**

_____

104일차　　　　　　　Date　　．　．

- 오늘은 기쁜 날이다.
- 오늘은 새로운 날이다.
- 오늘은 삶의 비밀을 배우는 날이다.

_____

_____

_____

❤ 자신에게 힘이 되는 긍정의 말을 써 본다면?

_____

_____

❤ 지금 감사한 이유는?

_____ 라서 감사하다.

_____ 에도 불구하고 _____ 해서 감사하다.

_____ 가 있기 때문에 감사하다.

❤ 간절히 바라는 것 한 가지는?

_____

105일차   *Date*   .   .

- 돈은 내가 예상한 곳에서 들어오기도 하고 예상치 못한 곳에서 들어오기도 한다.
- 나는 무제한적인 선택을 할 자유가 있다.
- 나는 능력이 많다.

_____

_____

_____

♥ **자신에게 힘이 되는 긍정의 말을 써 본다면?**

_____

_____

♥ **지금 감사한 이유는?**

_____ 라서 감사하다.

_____ 에도 불구하고 _____ 해서 감사하다.

_____ 가 있기 때문에 감사하다.

♥ **간절히 바라는 것 한 가지는?**

_____

106일차

- 나에게는 기회가 어디든지 있다.
- 나는 우리가 이 세상에 서로를 위해 축복하고 풍요롭게 성장하기 위해 왔다고 믿는다.
- 나는 매일 멋진 관계를 맺는다.

_____

_____

_____

♥ **자신에게 힘이 되는 긍정의 말을 써 본다면?**

_____

_____

♥ **지금 감사한 이유는?**

_____ 라서 감사하다.

_____ 에도 불구하고 _____ 해서 감사하다.

_____ 가 있기 때문에 감사하다.

♥ **간절히 바라는 것 한 가지는?**

_____

107일차　　　　　　　　　*Date*　　．　．

- 나는 번성할 수 있도록 사람들을 돕는다.
- 삶은 나에게 놀라운 방식으로 도움을 준다.
- 나는 지금 내가 사랑하는 일을 한다.

♥ **자신에게 힘이 되는 긍정의 말을 써 본다면?**

♥ **지금 감사한 이유는?**

_____ 라서 감사하다.

_____ 에도 불구하고 _____ 해서 감사하다.

_____ 가 있기 때문에 감사하다.

♥ **간절히 바라는 것 한 가지는?**

108일차　　　　　*Date*　　　．　．

- 나는 내가 하는 일에 대한 보수를 잘 받는다.
- 나에게로 들어오는 돈은 쓰기 위한 기쁨이다.
- 나는 돈의 일부분을 저축하고 일부분은 쓰고 일부분은 투자한다.

_____

_____

_____

♥ 자신에게 힘이 되는 긍정의 말을 써 본다면?

_____

_____

♥ 지금 감사한 이유는?

_____ 라서 감사하다.

_____ 에도 불구하고 _____ 해서 감사하다.

_____ 가 있기 때문에 감사하다.

♥ 간절히 바라는 것 한 가지는?

_____

109일차　　　　　　　　　*Date*　　.　　.

- 나는 사랑하고 충만하고 조화로운 우주에 산다.
- 나는 충만한 우주에 감사한다.
- 삶은 내가 필요로 하는 것들을 풍족하게 채워 준다.

___

___

___

♥ **자신에게 힘이 되는 긍정의 말을 써 본다면?**

___

___

♥ **지금 감사한 이유는?**

_____ 라서 감사하다.

_____ 에도 불구하고 _____ 해서 감사하다.

_____ 가 있기 때문에 감사하다.

♥ **간절히 바라는 것 한 가지는?**

___

110일차　　　　　　*Date*　　.　　.

- 나는 삶을 믿는다.
- 나는 무엇을 선택하든지 몰입한다.
- 내가 몰입된 순간은 아주 멋지다.

_____

_____

_____

❤ 자신에게 힘이 되는 긍정의 말을 써 본다면?

_____

_____

❤ 지금 감사한 이유는?

_____ 라서 감사하다.

_____ 에도 불구하고 _____ 해서 감사하다.

_____ 가 있기 때문에 감사하다.

❤ 간절히 바라는 것 한 가지는?

_____

111일차

- 나는 몰입해서 행복하다.
- 나는 진심을 믿는다.
- 나는 진심을 짓는다.

_____

_____

_____

♥ 자신에게 힘이 되는 긍정의 말을 써 본다면?

_____

_____

♥ 지금 감사한 이유는?

_____라서 감사하다.

_____에도 불구하고 _____해서 감사하다.

_____가 있기 때문에 감사하다.

♥ 간절히 바라는 것 한 가지는?

_____

112일차　　　　　Date　　.　　.

- 나는 진심을 공감한다.
- 모든 답은 내 안에 있다.
- 나의 답은 지금 이 순간이다.

_____
_____
_____

♥ 자신에게 힘이 되는 긍정의 말을 써 본다면?

_____
_____

♥ 지금 감사한 이유는?

_____라서 감사하다.
_____에도 불구하고 _____해서 감사하다.
_____가 있기 때문에 감사하다.

♥ 간절히 바라는 것 한 가지는?

_____

113일차　　　　　　　　　　*Date*　　　．　．

- 나는 내가 하는 일의 이유를 안다.
- 나는 마음의 상태를 잘 안다.
- 나는 나보다 더 큰 위대한 존재의 힘을 안다.

_____

_____

_____

♥ **자신에게 힘이 되는 긍정의 말을 써 본다면?**

_____

_____

♥ **지금 감사한 이유는?**

_____ 라서 감사하다.

_____ 에도 불구하고 _____ 해서 감사하다.

_____ 가 있기 때문에 감사하다.

♥ **간절히 바라는 것 한 가지는?**

_____

114일차

- 나는 내 안에 나보다 더 큰 존재가 있음을 믿는다.
- 나는 긍정적이고 구체적인 질문을 한다.
- 나는 강점과 재능에 근거한 큰 그림을 그린다.

_____

_____

_____

♥ 자신에게 힘이 되는 긍정의 말을 써 본다면?

_____

_____

♥ 지금 감사한 이유는?

_____라서 감사하다.

_____에도 불구하고 _____해서 감사하다.

_____가 있기 때문에 감사하다.

♥ 간절히 바라는 것 한 가지는?

_____

115일차   *Date*   .   .

- 나는 매일 마음을 모을 수 있는 의식을 행한다.
- 나는 중요한 일을 우선적으로 한다.
- 나는 계획한 일을 소화 능력에 맞게 나눈다.

_____

_____

_____

♥ **자신에게 힘이 되는 긍정의 말을 써 본다면?**

_____

_____

♥ **지금 감사한 이유는?**

_____ 라서 감사하다.

_____ 에도 불구하고 _____ 해서 감사하다.

_____ 가 있기 때문에 감사하다.

♥ **간절히 바라는 것 한 가지는?**

_____

116일차　　　　　Date　　.　　.

- 나는 매일 한 가지씩 능동적인 선택을 한다.
- 나는 내가 가지고 있는지 몰랐던 재능을 발견하고 있다.
- 나는 창조성을 완전히 표현하는 데 대한 걸림돌을 놓아준다.

_____

_____

_____

♥ 자신에게 힘이 되는 긍정의 말을 써 본다면?

_____

_____

♥ 지금 감사한 이유는?

_____라서 감사하다.

_____ 에도 불구하고 _____ 해서 감사하다.

_____가 있기 때문에 감사하다.

♥ 간절히 바라는 것 한 가지는?

_____

117일차 　　　　　　　　　*Date*　　．　．

- 나는 항상 창조적인 것들에 관심을 가진다.
- 나는 '사랑'에 관한 생각을 떠올리려 할 때 쉽고 어려움 없이 창조력을 발휘한다.
- 나는 매일 새로운 것을 시도한다.

_____

_____

_____

♥ 자신에게 힘이 되는 긍정의 말을 써 본다면?

_____

_____

♥ 지금 감사한 이유는?

_____라서 감사하다.

_____ 에도 불구하고 _____ 해서 감사하다.

_____가 있기 때문에 감사하다.

♥ 간절히 바라는 것 한 가지는?

_____

118일차　　　　　　　*Date*　　．　．

- 나는 어제와 다른 일을 한다.
- 나는 어떤 분야를 선택하든 창조적 표현을 잘한다.
- 나는 창조성을 표현하기 위한 시간이 충분하다.

_____

_____

♥ **자신에게 힘이 되는 긍정의 말을 써 본다면?**

_____

_____

♥ **지금 감사한 이유는?**

_____ 라서 감사하다.

_____ 에도 불구하고 _____ 해서 감사하다.

_____ 가 있기 때문에 감사하다.

♥ **간절히 바라는 것 한 가지는?**

_____

119일차

- 나의 가족은 내가 꿈을 이루는 데 있어 전적으로 도와준다.
- 나의 창조적인 주제들은 나에게 큰 만족감을 준다.
- 나는 내가 내 인생에서 기적을 창조할 수 있다는 것을 안다.

_____

_____

_____

♥ **자신에게 힘이 되는 긍정의 말을 써 본다면?**

_____

_____

♥ **지금 감사한 이유는?**

_____라서 감사하다.

_____에도 불구하고 _____해서 감사하다.

_____가 있기 때문에 감사하다.

♥ **간절히 바라는 것 한 가지는?**

_____

120일차   Date   .   .

- 나는 창조적인 방법을 모두 동원하여 나 자신을 표현하는 게 행복하다.
- 나는 나 자신의 독특한 자아다.
- 나는 특별하다.

_____

_____

_____

♥ 자신에게 힘이 되는 긍정의 말을 써 본다면?

_____

_____

♥ 지금 감사한 이유는?

_____라서 감사하다.

_____ 에도 불구하고 _____ 해서 감사하다.

_____가 있기 때문에 감사하다.

♥ 간절히 바라는 것 한 가지는?

_____

121일차   *Date*   .   .

- 나는 창조적이다.
- 나는 내가 멋지다고 생각한다.
- 나는 나에게 기쁨을 주는 창의적인 일을 한다.

♥ **자신에게 힘이 되는 긍정의 말을 써 본다면?**

♥ **지금 감사한 이유는?**

_____라서 감사하다.

_____에도 불구하고 _____해서 감사하다.

_____가 있기 때문에 감사하다.

♥ **간절히 바라는 것 한 가지는?**

122일차   *Date*   .   .

- 나는 창조적인 재능을 끌어낸다.
- 나는 음악을 좋아한다.
- 나는 뭐든지 잘 그린다.

_____

_____

_____

♥ 자신에게 힘이 되는 긍정의 말을 써 본다면?

_____

_____

♥ 지금 감사한 이유는?

_____라서 감사하다.

_____에도 불구하고 _____해서 감사하다.

_____가 있기 때문에 감사하다.

♥ 간절히 바라는 것 한 가지는?

_____

123일차   *Date*   .   .

- 나는 춤을 잘 춘다.
- 나는 글쓰기를 잘한다.
- 내 생각이 내 경험을 창조한다.

_____

_____

_____

♥ **자신에게 힘이 되는 긍정의 말을 써 본다면?**

_____

_____

♥ **지금 감사한 이유는?**

_____ 라서 감사하다.

_____ 에도 불구하고 _____ 해서 감사하다.

_____ 가 있기 때문에 감사하다.

♥ **간절히 바라는 것 한 가지는?**

_____

124일차　　　　　Date　　．　．

- 나는 생각을 명확하게 한다.
- 나는 나 자신을 쉽게 잘 표현한다.
- 나는 매일 더 나아지고 있다.

_____

_____

_____

♥ 자신에게 힘이 되는 긍정의 말을 써 본다면?

_____

_____

♥ 지금 감사한 이유는?

_____라서 감사하다.

_____ 에도 불구하고 _____ 해서 감사하다.

_____가 있기 때문에 감사하다.

♥ 간절히 바라는 것 한 가지는?

_____

125일차 *Date*   .   .

- 나는 매일 창조적이 되어 간다.
- 나는 매일 더 창조적이기 위해 배우는 중이다.
- 내 직업은 나로 하여금 나의 재능과 능력을 표현하게 해 준다.

_____

_____

_____

♥ **자신에게 힘이 되는 긍정의 말을 써 본다면?**

_____

_____

♥ **지금 감사한 이유는?**

_____ 라서 감사하다.

_____ 에도 불구하고 _____ 해서 감사하다.

_____ 가 있기 때문에 감사하다.

♥ **간절히 바라는 것 한 가지는?**

_____

126일차

- 나는 내 직업에서 기쁨을 느낀다.
- 나의 잠재 가능성은 무한하다.
- 나는 나의 타고난 창조력에 놀란다.

_____

_____

_____

♥ **자신에게 힘이 되는 긍정의 말을 써 본다면?**

_____

_____

♥ **지금 감사한 이유는?**

_____ 라서 감사하다.

_____ 에도 불구하고 _____ 해서 감사하다.

_____ 가 있기 때문에 감사하다.

♥ **간절히 바라는 것 한 가지는?**

_____

127일차   *Date*   .   .

- 나의 창조적 샘물이 터져 나온다.
- 나는 나의 창의성에 기뻐한다.
- 나는 안전하다.

_____

_____

_____

♥ **자신에게 힘이 되는 긍정의 말을 써 본다면?**

_____

_____

♥ **지금 감사한 이유는?**

_____ 라서 감사하다.

_____ 에도 불구하고 _____ 해서 감사하다.

_____ 가 있기 때문에 감사하다.

♥ **간절히 바라는 것 한 가지는?**

_____

128일차

- 내가 하는 모든 일에서 성취감을 느낀다.
- 내 재능은 충분하다.
- 나는 창조적이라는 독특한 선물을 받았다.

♥ 자신에게 힘이 되는 긍정의 말을 써 본다면?

♥ 지금 감사한 이유는?

_____ 라서 감사하다.

_____ 에도 불구하고 _____ 해서 감사하다.

_____ 가 있기 때문에 감사하다.

♥ 간절히 바라는 것 한 가지는?

129일차　　　　　　　　　*Date*　　.　　.

- 나는 나의 창조성 덕분에 주변에서 인정받는다.
- 내 삶은 결코 정체되어 있지 않다.
- 나는 매일 새로운 순간을 맞이한다.

_____

_____

_____

♥ **자신에게 힘이 되는 긍정의 말을 써 본다면?**

_____

_____

♥ **지금 감사한 이유는?**

_____라서 감사하다.

_____에도 불구하고 _____해서 감사하다.

_____가 있기 때문에 감사하다.

♥ **간절히 바라는 것 한 가지는?**

_____

130일차

- 나는 삶이 신선하다.
- 내 힘의 중심은 마음이다.
- 나는 마음을 사랑으로 축복한다.

♥ **자신에게 힘이 되는 긍정의 말을 써 본다면?**

♥ **지금 감사한 이유는?**

_____ 라서 감사하다.

_____ 에도 불구하고 _____ 해서 감사하다.

_____ 가 있기 때문에 감사하다.

♥ **간절히 바라는 것 한 가지는?**

131일차   *Date*   .   .

- 나는 마음이 하라는 대로 잘 따른다.
- 나는 즐겁고 창조적인 삶의 표현이다.
- 나는 아이디어가 쉽게 잘 떠오른다.

_____

_____

_____

♥ **자신에게 힘이 되는 긍정의 말을 써 본다면?**

_____

_____

♥ **지금 감사한 이유는?**

_____라서 감사하다.

_____ 에도 불구하고 _____ 해서 감사하다.

_____ 가 있기 때문에 감사하다.

♥ **간절히 바라는 것 한 가지는?**

_____

132일차　　　　　Date　　.　　.

- 나는 나의 잠재의식을 모두 긍정적으로 바꾼다.
- 나는 미래에 대해 밝고 긍정적인 생각을 심는다.
- 나는 모든 것이 행복인 삶을 살고 있다.

_____

_____

_____

♥ 자신에게 힘이 되는 긍정의 말을 써 본다면?

_____

_____

♥ 지금 감사한 이유는?

_____ 라서 감사하다.

_____ 에도 불구하고 _____ 해서 감사하다.

_____ 가 있기 때문에 감사하다.

♥ 간절히 바라는 것 한 가지는?

_____

133일차　　　　　　　　*Date*　　．　．

- 모든 것이 좋다.
- 모든 것이 잘되고 있다.
- 모든 것은 나의 최상의 선을 위해 작동하고 있다.

_____

_____

_____

♥ **자신에게 힘이 되는 긍정의 말을 써 본다면?**

_____

_____

♥ **지금 감사한 이유는?**

_____ 라서 감사하다.

_____ 에도 불구하고 _____ 해서 감사하다.

_____ 가 있기 때문에 감사하다.

♥ **간절히 바라는 것 한 가지는?**

_____

134일차   *Date*   .   .

- 이 상황에서 좋은 것만이 주어진다.
- 나의 인생은 밝고 긍정적인 이야기들로 가득하다.
- 나는 지금 행복하다.

_____

_____

_____

♥ 자신에게 힘이 되는 긍정의 말을 써 본다면?

_____

_____

♥ 지금 감사한 이유는?

_____ 라서 감사하다.

_____ 에도 불구하고 _____ 해서 감사하다.

_____ 가 있기 때문에 감사하다.

♥ 간절히 바라는 것 한 가지는?

_____

135일차   *Date*   .   .

- 나는 항상 행복하다.
- 나는 절대적으로 행복하다.
- 나는 안전하다.

_____

_____

_____

♥ 자신에게 힘이 되는 긍정의 말을 써 본다면?

_____

_____

♥ 지금 감사한 이유는?

_____ 라서 감사하다.

_____ 에도 불구하고 _____ 해서 감사하다.

_____ 가 있기 때문에 감사하다.

♥ 간절히 바라는 것 한 가지는?

_____

136일차　　　*Date*　　.　　.

- 나는 모든 종류의 풍요로움을 끌어당긴다.
- 나는 운이 끝내주게 좋은 행복한 사람이다.
- 나는 행운과 좋은 일이 내 삶에 가득하게 한다.

_____

_____

_____

♥ **자신에게 힘이 되는 긍정의 말을 써 본다면?**

_____

_____

♥ **지금 감사한 이유는?**

_____ 라서 감사하다.

_____ 에도 불구하고 _____ 해서 감사하다.

_____ 가 있기 때문에 감사하다.

♥ **간절히 바라는 것 한 가지는?**

_____

137일차　　　　　　　　　　*Date*　　.　　.

- 나는 좋은 일이 폭포처럼 쏟아져 감사하다.
- 내 주변의 모든 사람들에게 좋은 일이 눈사태처럼 일어난다.
- 나는 타인의 성공을 마치 내가 이룬 듯이 기뻐한다.

_____

_____

_____

♥ **자신에게 힘이 되는 긍정의 말을 써 본다면?**

_____

_____

♥ **지금 감사한 이유는?**

_____ 라서 감사하다.

_____ 에도 불구하고 _____ 해서 감사하다.

_____ 가 있기 때문에 감사하다.

♥ **간절히 바라는 것 한 가지는?**

_____

138일차

- 나는 기꺼이 즐겁게 축하한다.
- 나에게는 상상의 날개가 있다.
- 나는 진짜 행복한 사람이다.

_____

_____

_____

♥ 자신에게 힘이 되는 긍정의 말을 써 본다면?

_____

_____

♥ 지금 감사한 이유는?

_____ 라서 감사하다.

_____ 에도 불구하고 _____ 해서 감사하다.

_____ 가 있기 때문에 감사하다.

♥ 간절히 바라는 것 한 가지는?

_____

139일차　　　　　　　　*Date*　　．　．

- 나는 원하는 것이 무엇이든 다 이룬다.
- 두려움을 이기는 가장 빠른 방법은 지금 당장 시작하는 것이다.
- 나는 긍정적인 도전을 한다.

_____

_____

_____

♥ **자신에게 힘이 되는 긍정의 말을 써 본다면?**

_____

_____

♥ **지금 감사한 이유는?**

_____ 라서 감사하다.

_____ 에도 불구하고 _____ 해서 감사하다.

_____ 가 있기 때문에 감사하다.

♥ **간절히 바라는 것 한 가지는?**

_____

140일차   Date   .   .

- 나는 긍정적인 모험을 한다.
- 나는 가슴 뛰는 삶을 산다.
- 나는 평화를 만끽한다.

_____

_____

_____

♥ 자신에게 힘이 되는 긍정의 말을 써 본다면?

_____

_____

♥ 지금 감사한 이유는?

_____ 라서 감사하다.

_____ 에도 불구하고 _____ 해서 감사하다.

_____ 가 있기 때문에 감사하다.

♥ 간절히 바라는 것 한 가지는?

_____

141일차   *Date*   .   .

- 나는 행복을 만끽한다.
- 나는 내 직관을 믿는다.
- 나는 항상 내 안에 있는 고요하고 작은 목소리를 듣는다.

_____

_____

_____

♥ **자신에게 힘이 되는 긍정의 말을 써 본다면?**

_____

_____

♥ **지금 감사한 이유는?**

_____라서 감사하다.

_____에도 불구하고 _____해서 감사하다.

_____가 있기 때문에 감사하다.

♥ **간절히 바라는 것 한 가지는?**

_____

142일차

- 나는 나의 감정을 온전하게 느끼고 나에게 온화해진다.
- 나는 나 자신이 완벽하지 않음을 용서한다.
- 나는 내가 알고 있는 선에서 지금 최선을 다해 산다.

♥ 자신에게 힘이 되는 긍정의 말을 써 본다면?

♥ 지금 감사한 이유는?

_____라서 감사하다.

_____에도 불구하고 _____해서 감사하다.

_____가 있기 때문에 감사하다.

♥ 간절히 바라는 것 한 가지는?

143일차

- 나는 말로 죄를 짓지 않는다.
- 나는 어떤 것도 내 문제로 여기지 않는다.
- 나는 추측하지 않는다.

_____

_____

_____

♥ 자신에게 힘이 되는 긍정의 말을 써 본다면?

_____

_____

♥ 지금 감사한 이유는?

_____ 라서 감사하다.

_____ 에도 불구하고 _____ 해서 감사하다.

_____ 가 있기 때문에 감사하다.

♥ 간절히 바라는 것 한 가지는?

_____

144일차   *Date*   .   .

- 나는 돈을 자석같이 끌어당기는 초강력 자석이다.
- 나는 좋은 말로 마음을 상대에게 전달한다.
- 나는 가슴에서 불타는 열정이 있다.

_____

_____

_____

♥ 자신에게 힘이 되는 긍정의 말을 써 본다면?

_____

_____

♥ 지금 감사한 이유는?

_____ 라서 감사하다.

_____ 에도 불구하고 _____ 해서 감사하다.

_____ 가 있기 때문에 감사하다.

♥ 간절히 바라는 것 한 가지는?

_____

145일차   *Date*   .   .

- 나는 확신을 담아 이야기한다.
- 나는 진정에서 우러나오는 메시지를 전한다.
- 나는 사람들의 가슴을 따뜻하게 하는 사람이다.

♥ 자신에게 힘이 되는 긍정의 말을 써 본다면?

♥ 지금 감사한 이유는?

_____ 라서 감사하다.

_____ 에도 불구하고 _____ 해서 감사하다.

_____ 가 있기 때문에 감사하다.

♥ 간절히 바라는 것 한 가지는?

146일차　　　　　　　　*Date*　　.　　.

- 나는 나의 내면에서 감지되는 기쁨에 감사한다.
- 나는 내가 하는 일과 놀이가 즐겁다.
- 나는 오늘 하루 내가 받은 선물에 감사한다.

_____

_____

_____

♥ **자신에게 힘이 되는 긍정의 말을 써 본다면?**

_____

_____

♥ **지금 감사한 이유는?**

_____ 라서 감사하다.

_____ 에도 불구하고 _____ 해서 감사하다.

_____ 가 있기 때문에 감사하다.

♥ **간절히 바라는 것 한 가지는?**

_____

147일차 *Date*   .   .

- 나는 내가 믿는 바대로 이룬다.
- 나는 확신한다.
- 나는 완전히 나를 믿는다.

_____

_____

_____

♥ **자신에게 힘이 되는 긍정의 말을 써 본다면?**

_____

_____

♥ **지금 감사한 이유는?**

_____ 라서 감사하다.

_____ 에도 불구하고 _____ 해서 감사하다.

_____ 가 있기 때문에 감사하다.

♥ **간절히 바라는 것 한 가지는?**

_____

148일차 Date . .

- 나는 내 안의 무한한 가능성을 확신한다.
- 나는 가치 있는 사람이다.
- 나는 더 많이 얻어도 된다.

♥ 자신에게 힘이 되는 긍정의 말을 써 본다면?

♥ 지금 감사한 이유는?

_____ 라서 감사하다.

_____ 에도 불구하고 _____ 해서 감사하다.

_____ 가 있기 때문에 감사하다.

♥ 간절히 바라는 것 한 가지는?

149일차　　　　　　　　　　*Date*　　．　．

- 나는 더 많이 누려도 된다.
- 왜냐하면 나는 가치 있는 사람이기 때문이다.
- 부자가 되는 것이 내가 태어난 권리다.

_____

_____

_____

♥ **자신에게 힘이 되는 긍정의 말을 써 본다면?**

_____

_____

♥ **지금 감사한 이유는?**

_____라서 감사하다.

_____ 에도 불구하고 _____ 해서 감사하다.

_____가 있기 때문에 감사하다.

♥ **간절히 바라는 것 한 가지는?**

_____

150일차

Date   .   .

- 나는 사랑이다.
- 나는 평화다.
- 나는 성공이다.

_____

_____

_____

♥ 자신에게 힘이 되는 긍정의 말을 써 본다면?

_____

_____

♥ 지금 감사한 이유는?

_____ 라서 감사하다.

_____ 에도 불구하고 _____ 해서 감사하다.

_____ 가 있기 때문에 감사하다.

♥ 간절히 바라는 것 한 가지는?

_____

151일차　　　　　　　　*Date*　　.　　.

- 나는 연민이다.
- 나는 행복이다.
- 나는 친절이다.

_____

_____

_____

♥ **자신에게 힘이 되는 긍정의 말을 써 본다면?**

_____

_____

♥ **지금 감사한 이유는?**

_____ 라서 감사하다.

_____ 에도 불구하고 _____ 해서 감사하다.

_____ 가 있기 때문에 감사하다.

♥ **간절히 바라는 것 한 가지는?**

_____

152일차　　　　　　　Date　　．　　．

- 나는 깨달음이다.
- 나는 행복이다.
- 나는 고요하다.

_____

_____

_____

♥ 자신에게 힘이 되는 긍정의 말을 써 본다면?

_____

_____

♥ 지금 감사한 이유는?

_____ 라서 감사하다.

_____ 에도 불구하고 _____ 해서 감사하다.

_____ 가 있기 때문에 감사하다.

♥ 간절히 바라는 것 한 가지는?

_____

153일차   *Date*   .   .

- 나는 혼자만의 시간을 즐긴다.
- 나는 혼자가 주는 고요함의 선물을 기뻐하며 받는다.
- 나는 매 순간 행복하다.

_____

_____

_____

♥ **자신에게 힘이 되는 긍정의 말을 써 본다면?**

_____

_____

♥ **지금 감사한 이유는?**

_____라서 감사하다.

_____에도 불구하고 _____해서 감사하다.

_____가 있기 때문에 감사하다.

♥ **간절히 바라는 것 한 가지는?**

_____

154일차   Date   .   .

- 모든 게 잘 될 거야.
- 나는 행복할 자격이 있어.
- 나는 행복한 부자가 될 가치가 있어.

_____

_____

_____

♥ 자신에게 힘이 되는 긍정의 말을 써 본다면?

_____

_____

♥ 지금 감사한 이유는?

_____라서 감사하다.

_____에도 불구하고 _____해서 감사하다.

_____가 있기 때문에 감사하다.

♥ 간절히 바라는 것 한 가지는?

_____

155일차   *Date*   .   .

- 나는 이 상황이 주는 교훈만 새길 거야.
- 나는 안전해.
- 친절은 친절을 끌어와.

___
___
___

♥ **자신에게 힘이 되는 긍정의 말을 써 본다면?**

___
___

♥ **지금 감사한 이유는?**

_____라서 감사하다.

_____ 에도 불구하고 _____ 해서 감사하다.

_____ 가 있기 때문에 감사하다.

♥ **간절히 바라는 것 한 가지는?**

___

156일차　　　　　　*Date*　　　．　．

- 행복은 행복을 부른다.
- 긍정적인 심리는 '돈'까지 불러온다.
- 일상에 감사하는 사람은 풍요로워진다.

_____

_____

_____

♥ **자신에게 힘이 되는 긍정의 말을 써 본다면?**

_____

_____

♥ **지금 감사한 이유는?**

_____ 라서 감사하다.

_____ 에도 불구하고 _____ 해서 감사하다.

_____ 가 있기 때문에 감사하다.

♥ **간절히 바라는 것 한 가지는?**

_____

157일차　　　　　　　　*Date*　　．　．

- 일상에 행복을 느끼는 사람은 경제적으로 풍족해진다.
- 부를 얻어 행복한 게 아니라, 행복하기 때문에 부를 얻는다.
- 타인에게 친절은 베풀면 된다.

_____

_____

_____

♥ 자신에게 힘이 되는 긍정의 말을 써 본다면?

_____

_____

♥ 지금 감사한 이유는?

_____ 라서 감사하다.

_____ 에도 불구하고 _____ 해서 감사하다.

_____ 가 있기 때문에 감사하다.

♥ 간절히 바라는 것 한 가지는?

_____

158일차　　　　　Date　　．　．

- 먼저 많이 내어 준다.
- 친절이 행운을 불러오는 열쇠이다.
- 친절은 상대방에 대한 사랑이다.

_____

_____

_____

♥ 자신에게 힘이 되는 긍정의 말을 써 본다면?

_____

_____

♥ 지금 감사한 이유는?

_____ 라서 감사하다.

_____ 에도 불구하고 _____ 해서 감사하다.

_____ 가 있기 때문에 감사하다.

♥ 간절히 바라는 것 한 가지는?

_____

159일차　　　　　　　　　　*Date*　　.　　.

- 나는 진정한 내가 된다.
- 나는 완벽해지고 싶은 욕구를 내려놓는다.
- 먼저 시작하고 완벽해져라.

♥ **자신에게 힘이 되는 긍정의 말을 써 본다면?**

♥ **지금 감사한 이유는?**

　　　　　　　　　　　　　　　　　　　　　　　라서 감사하다.

　　　　　　　에도 불구하고　　　　　　　해서 감사하다.

　　　　　　　　　　　　　　　　　　가 있기 때문에 감사하다.

♥ **간절히 바라는 것 한 가지는?**

160일차

- 내가 어떤 사람이 되는가는 지금 무엇을 하고 있는가보다 중요하다.
- 나는 내가 생각하는 것보다 훨씬 더 뛰어난 사람이다.
- 진정한 성공이란 가족을 사랑하는 것이다.

_____

_____

_____

♥ 자신에게 힘이 되는 긍정의 말을 써 본다면?

_____

_____

♥ 지금 감사한 이유는?

_____ 라서 감사하다.

_____ 에도 불구하고 _____ 해서 감사하다.

_____ 가 있기 때문에 감사하다.

♥ 간절히 바라는 것 한 가지는?

_____

161일차

- 진정한 성공이란 나의 일을 사랑하는 것이다.
- 진정한 성공이란 나의 목표대로 사는 것이다.
- 진정한 성공이란 매 순간을 충실히 사는 것이다.

♥ **자신에게 힘이 되는 긍정의 말을 써 본다면?**

♥ **지금 감사한 이유는?**

_____라서 감사하다.
_____에도 불구하고 _____해서 감사하다.
_____가 있기 때문에 감사하다.

♥ **간절히 바라는 것 한 가지는?**

162일차　　　　Date　　.　　.

- 진정한 성공이란 매 순간 감사하는 것이다.
- 진정한 성공이란 매 순간 행복하게 모든 일을 하는 것이다.
- 진정한 성공이란 과거의 일을 그만 떠올리는 것이다.

_____

_____

_____

♥ 자신에게 힘이 되는 긍정의 말을 써 본다면?

_____

_____

♥ 지금 감사한 이유는?

_____ 라서 감사하다.
_____ 에도 불구하고 _____ 해서 감사하다.
_____ 가 있기 때문에 감사하다.

♥ 간절히 바라는 것 한 가지는?

_____

163일차　　　　　Date　　．　．

- 진정한 성공이란 걱정하지 않는 것이다.
- 진정한 성공이란 내가 있음으로 인해 한 명이라도 행복해지는 것이다.
- 나는 매일 우선순위를 정한다.

_____

_____

_____

♥ 자신에게 힘이 되는 긍정의 말을 써 본다면?

_____

_____

♥ 지금 감사한 이유는?

_____ 라서 감사하다.

_____ 에도 불구하고 _____ 해서 감사하다.

_____ 가 있기 때문에 감사하다.

♥ 간절히 바라는 것 한 가지는?

_____

164일차　　　　　　　　Date　　.　　.

- 나는 매일 우선순위대로 산다.
- 나는 일어나서 중요한 일을 가장 먼저 한다.
- 나는 아침에 하기 싫은 일을 가장 먼저 한다.

_____

_____

_____

♥ 자신에게 힘이 되는 긍정의 말을 써 본다면?

_____

_____

♥ 지금 감사한 이유는?

_____ 라서 감사하다.

_____ 에도 불구하고 _____ 해서 감사하다.

_____ 가 있기 때문에 감사하다.

♥ 간절히 바라는 것 한 가지는?

_____

165일차　　　　　*Date*　　．　．

- 나는 큰일을 성취하기 위해 태어났다.
- 나는 몰입해서 일한다.
- 나는 집중한다.

_____

_____

_____

♥ **자신에게 힘이 되는 긍정의 말을 써 본다면?**

_____

_____

♥ **지금 감사한 이유는?**

_____라서 감사하다.

_____ 에도 불구하고 _____해서 감사하다.

_____가 있기 때문에 감사하다.

♥ **간절히 바라는 것 한 가지는?**

_____

166일차

Date   .   .

- 나는 가치 있다.
- 나는 타인의 삶에 가치를 더한다.
- 나는 목표 설정을 잘한다.

_____

_____

_____

♥ 자신에게 힘이 되는 긍정의 말을 써 본다면?

_____

_____

♥ 지금 감사한 이유는?

_____ 라서 감사하다.

_____ 에도 불구하고 _____ 해서 감사하다.

_____ 가 있기 때문에 감사하다.

♥ 간절히 바라는 것 한 가지는?

_____

167일차   *Date*   .   .

- 나의 목표는 타인의 삶에 가치를 더하는 것이다.
- 나는 내 삶에서 바람직한 목표를 성취한다.
- 나는 내가 될 수 있고, 할 수 있고, 가질 수 있는 것보다 훨씬 크다.

_____

_____

_____

♥ 자신에게 힘이 되는 긍정의 말을 써 본다면?

_____

_____

♥ 지금 감사한 이유는?

_____ 라서 감사하다.

_____ 에도 불구하고 _____ 해서 감사하다.

_____ 가 있기 때문에 감사하다.

♥ 간절히 바라는 것 한 가지는?

_____

168일차　　　　　Date　　.　　.

- 나는 내 안의 위대한 존재를 믿는다.
- 나는 생각보다 강하다.
- 나는 내 몸을 사랑하고 건강한 내 몸에 감사한다.

_____

_____

_____

♥ **자신에게 힘이 되는 긍정의 말을 써 본다면?**

_____

_____

♥ **지금 감사한 이유는?**

_____ 라서 감사하다.

_____ 에도 불구하고 _____ 해서 감사하다.

_____ 가 있기 때문에 감사하다.

♥ **간절히 바라는 것 한 가지는?**

_____

169일차　　　　　　　　*Date*　　．　．

- 나는 내 앞의 모든 길이 최상의 선임을 안다.
- 나는 좋은 사람으로 살아간다.
- 나는 내 능력이 무한대라는 것을 안다.

_____

_____

_____

♥ **자신에게 힘이 되는 긍정의 말을 써 본다면?**

_____

_____

♥ **지금 감사한 이유는?**

_____라서 감사하다.

_____ 에도 불구하고 _____ 해서 감사하다.

_____ 가 있기 때문에 감사하다.

♥ **간절히 바라는 것 한 가지는?**

_____

170일차

- 나는 영감 넘치고 힘 넘치고 단련되어 있다.
- 나는 내 몸을 잘 돌보고 있다.
- 나는 사랑의 빛을 내뿜는다.

_____

_____

_____

❤ **자신에게 힘이 되는 긍정의 말을 써 본다면?**

_____

_____

❤ **지금 감사한 이유는?**

_____ 라서 감사하다.

_____ 에도 불구하고 _____ 해서 감사하다.

_____ 가 있기 때문에 감사하다.

❤ **간절히 바라는 것 한 가지는?**

_____

171일차 　　　　　　　　　　*Date*　　.　　.

- 내 삶은 사랑으로 가득 채워져 있다.
- 나는 잠재의식의 성공자다.
- 나는 건강 부자다.

_____

_____

_____

♥ **자신에게 힘이 되는 긍정의 말을 써 본다면?**

_____

_____

♥ **지금 감사한 이유는?**

_____ 라서 감사하다.

_____ 에도 불구하고 _____ 해서 감사하다.

_____ 가 있기 때문에 감사하다.

♥ **간절히 바라는 것 한 가지는?**

_____

172일차   *Date*   .   .

- 나는 행복 부자다.
- 나는 사람 부자다.
- 나는 평화 부자다.

_____

_____

_____

♥ 자신에게 힘이 되는 긍정의 말을 써 본다면?

_____

_____

♥ 지금 감사한 이유는?

_____라서 감사하다.

_____에도 불구하고 _____해서 감사하다.

_____가 있기 때문에 감사하다.

♥ 간절히 바라는 것 한 가지는?

_____

173일차　　　　　　　*Date*　　.　　.

- 나는 매일 목표 설정에 진지하게 임한다.
- 나는 매일 목표를 종이에 쓴다.
- 나는 즐겁게 주고 풍요롭게 받는다.

_____

_____

_____

♥ **자신에게 힘이 되는 긍정의 말을 써 본다면?**

_____

_____

♥ **지금 감사한 이유는?**

_____ 라서 감사하다.

_____ 에도 불구하고 _____ 해서 감사하다.

_____ 가 있기 때문에 감사하다.

♥ **간절히 바라는 것 한 가지는?**

_____

174일차

- 나는 모든 곳에서 풍요로움을 느낀다.
- 나는 부와 번영의 아이콘이다.
- 나는 풍요 자석이다.

♥ 자신에게 힘이 되는 긍정의 말을 써 본다면?

♥ 지금 감사한 이유는?

_____라서 감사하다.
_____에도 불구하고 _____해서 감사하다.
_____가 있기 때문에 감사하다.

♥ 간절히 바라는 것 한 가지는?

175일차 　　　　　　　　　*Date*　　　.　　.

- 나는 돈의 에너지가 나에게 오도록 한다.
- 나는 풍요의 집이다.
- 나는 돈이 내 친구가 되게 한다.

_____

_____

_____

♥ **자신에게 힘이 되는 긍정의 말을 써 본다면?**

_____

_____

♥ **지금 감사한 이유는?**

_____ 라서 감사하다.

_____ 에도 불구하고 _____ 해서 감사하다.

_____ 가 있기 때문에 감사하다.

♥ **간절히 바라는 것 한 가지는?**

_____

176일차

- 나는 모든 종류의 풍요를 끌어당긴다.
- 나는 내가 벌기를 바라는 돈을 번다.
- 나는 내 은행의 잔고를 항상 가득 채운다.

♥ 자신에게 힘이 되는 긍정의 말을 써 본다면?

♥ 지금 감사한 이유는?

_____ 라서 감사하다.
_____ 에도 불구하고 _____ 해서 감사하다.
_____ 가 있기 때문에 감사하다.

♥ 간절히 바라는 것 한 가지는?

177일차　　　　　*Date*　　　．　．

- 돈은 나에게 쉽게 어려움 없이 온다.
- 나는 돈을 자연스럽게 끌어당긴다.
- 계속 부의 물줄기가 나에게 다가온다.

_____

_____

_____

♥ **자신에게 힘이 되는 긍정의 말을 써 본다면?**

_____

_____

♥ **지금 감사한 이유는?**

_____ 라서 감사하다.

_____ 에도 불구하고 _____ 해서 감사하다.

_____ 가 있기 때문에 감사하다.

♥ **간절히 바라는 것 한 가지는?**

_____

178일차　　　　　　　　Date　　.　　.

- 돈은 예상한 곳에서 오기도 하고 예상치 못한 곳에서도 들어온다.
- 내가 어딜 가든지 나는 돈을 끌어온다.
- 나는 항상 돈이 나가는 것보다 들어오는 것이 더 많다.

_____

_____

_____

♥ **자신에게 힘이 되는 긍정의 말을 써 본다면?**

_____

_____

♥ **지금 감사한 이유는?**

_____ 라서 감사하다.

_____ 에도 불구하고 _____ 해서 감사하다.

_____ 가 있기 때문에 감사하다.

♥ **간절히 바라는 것 한 가지는?**

_____

179일차

- 내가 하는 일을 사랑할 때 돈은 나에게 자유롭게 들어온다.
- 나는 돈을 만들기 위한 기회를 끌어당긴다.
- 나는 부자가 되기 위해 태어났다.

_____

_____

_____

♥ 자신에게 힘이 되는 긍정의 말을 써 본다면?

_____

_____

♥ 지금 감사한 이유는?

_____라서 감사하다.

_____에도 불구하고 _____해서 감사하다.

_____가 있기 때문에 감사하다.

♥ 간절히 바라는 것 한 가지는?

_____

180일차

Date   .   .

- 나는 부유하게 되어 있다.
- 내게 필요한 돈이 나에게로 지금 흘러들어 온다.
- 내가 무엇을 하든 나는 돈을 더 많이 끌어당긴다.

_____

_____

_____

♥ 자신에게 힘이 되는 긍정의 말을 써 본다면?

_____

_____

♥ 지금 감사한 이유는?

_____ 라서 감사하다.

_____ 에도 불구하고 _____ 해서 감사하다.

_____ 가 있기 때문에 감사하다.

♥ 간절히 바라는 것 한 가지는?

_____

181일차

- 나는 돈이 주는 에너지를 사랑한다.
- 나는 부자다.
- 나는 번성한다.

___

♥ **자신에게 힘이 되는 긍정의 말을 써 본다면?**

___

♥ **지금 감사한 이유는?**

_____라서 감사하다.

_____에도 불구하고 _____해서 감사하다.

_____가 있기 때문에 감사하다.

♥ **간절히 바라는 것 한 가지는?**

___

182일차   Date   .   .

- 나는 풍요롭다.
- 나는 매일 돈이 더 많이 들어온다.
- 나는 매일 더 많은 돈을 저금한다.

_____

_____

_____

♥ **자신에게 힘이 되는 긍정의 말을 써 본다면?**

_____

_____

♥ **지금 감사한 이유는?**

_____라서 감사하다.

_____ 에도 불구하고 _____ 해서 감사하다.

_____ 가 있기 때문에 감사하다.

♥ **간절히 바라는 것 한 가지는?**

_____

183일차   *Date*   .   .

- 나는 내가 꿈꾸었던 것보다 더 많은 돈이 있다.
- 돈을 벌고 받는 것이 나에게 자연스럽다.
- 돈은 나에게 당연한 것이다.

_____

_____

_____

♥ **자신에게 힘이 되는 긍정의 말을 써 본다면?**

_____

_____

♥ **지금 감사한 이유는?**

_____라서 감사하다.

_____에도 불구하고 _____해서 감사하다.

_____가 있기 때문에 감사하다.

♥ **간절히 바라는 것 한 가지는?**

_____

184일차 Date . .

- 나는 재정적으로 풍요롭기로 되어 있는 사람이다.
- 나는 풍요가 내가 태어난 이유다.
- 나는 풍요롭기 위해서 이 세상에 왔다.

_____

_____

_____

♥ 자신에게 힘이 되는 긍정의 말을 써 본다면?

_____

_____

♥ 지금 감사한 이유는?

_____ 라서 감사하다.

_____ 에도 불구하고 _____ 해서 감사하다.

_____ 가 있기 때문에 감사하다.

♥ 간절히 바라는 것 한 가지는?

_____

185일차 *Date*   .   .

- 나는 항상 내 진동을 풍요에 접속한다.
- 나의 큰 진동이 항상 큰 거대한 부에 속해있다.
- 나는 풍요롭고 거대한 부의 능력을 가지고 있다.

_____

_____

_____

♥ **자신에게 힘이 되는 긍정의 말을 써 본다면?**

_____

_____

♥ **지금 감사한 이유는?**

_____ 라서 감사하다.

_____ 에도 불구하고 _____ 해서 감사하다.

_____ 가 있기 때문에 감사하다.

♥ **간절히 바라는 것 한 가지는?**

_____

186일차　　　　Date　　.　　.

- 나는 나의 부자 마인드를 믿는다.
- 나는 항상 돈의 에너지에 접속되어 있다.
- 나는 풍요로움을 지향한다.

_____

_____

_____

♥ 자신에게 힘이 되는 긍정의 말을 써 본다면?

_____

_____

♥ 지금 감사한 이유는?

_____라서 감사하다.
_____에도 불구하고 _____해서 감사하다.
_____가 있기 때문에 감사하다.

♥ 간절히 바라는 것 한 가지는?

_____

187일차   *Date*   .   .

- 나는 항상 내 정신 은행에 풍요를 저금한다.
- 나는 모든 종류의 풍요로움을 끌어당긴다.
- 나는 부를 받을 가치가 있는 사람이다.

♥ 자신에게 힘이 되는 긍정의 말을 써 본다면?

♥ 지금 감사한 이유는?

_____라서 감사하다.

_____ 에도 불구하고 _____ 해서 감사하다.

_____ 가 있기 때문에 감사하다.

♥ 간절히 바라는 것 한 가지는?

188일차

- 나는 돈을 끌어당기는 초강력 자석이다.
- 나는 항상 돈을 받는 데 열려 있다.
- 나는 우주가 주는 무한한 공급원에 열려있다.

♥ 자신에게 힘이 되는 긍정의 말을 써 본다면?

♥ 지금 감사한 이유는?

_____라서 감사하다.

_____에도 불구하고 _____해서 감사하다.

_____가 있기 때문에 감사하다.

♥ 간절히 바라는 것 한 가지는?

189일차 　　　　　　　　　　*Date*　　　．　　．

- 나에게 돈은 항상 주변에 가득하다.
- 내가 돈을 쓰면 그 돈은 몇 배로 불어나 다시 나에게로 온다.
- 나는 부유한 사람이다.

_____

_____

_____

♥ **자신에게 힘이 되는 긍정의 말을 써 본다면?**

_____

_____

♥ **지금 감사한 이유는?**

_____라서 감사하다.

_____에도 불구하고 _____해서 감사하다.

_____가 있기 때문에 감사하다.

♥ **간절히 바라는 것 한 가지는?**

_____

190일차   Date   .   .

- 풍요와 번영에 대한 이야기를 할 때 언제나 나는 무한 근원에 연결된다.
- 나에게 돈은 항상 쉽게 자주 온다.
- 나는 은행에 항상 돈이 많다.

_____

_____

_____

♥ **자신에게 힘이 되는 긍정의 말을 써 본다면?**

_____

_____

♥ **지금 감사한 이유는?**

_____ 라서 감사하다.

_____ 에도 불구하고 _____ 해서 감사하다.

_____ 가 있기 때문에 감사하다.

♥ **간절히 바라는 것 한 가지는?**

_____

191일차　　　　　*Date*　　　.　　.

- 돈은 아주 좋은 것이다.
- 나는 가만히 있어도 돈이 들어온다.
- 나는 돈의 마스터다.

_____

_____

_____

♥ **자신에게 힘이 되는 긍정의 말을 써 본다면?**

_____

_____

♥ **지금 감사한 이유는?**

_____ 라서 감사하다.

_____ 에도 불구하고 _____ 해서 감사하다.

_____ 가 있기 때문에 감사하다.

♥ **간절히 바라는 것 한 가지는?**

_____

192일차　　　　　*Date*　　　．　　．

- 나는 재물의 마스터다.
- 나는 돈을 현명하게 잘 사용한다.
- 나는 돈 관리를 잘한다.

_____

_____

_____

♥ **자신에게 힘이 되는 긍정의 말을 써 본다면?**

_____

_____

♥ **지금 감사한 이유는?**

_____ 라서 감사하다.

_____ 에도 불구하고 _____ 해서 감사하다.

_____ 가 있기 때문에 감사하다.

♥ **간절히 바라는 것 한 가지는?**

_____

193일차 　　　　　　　　*Date*　　.　　.

- 나는 항상 충분한 것보다 더 많은 돈이 있다.
- 나는 재수가 아주 좋다.
- 나는 운이 좋다.

_____

_____

_____

♥ 자신에게 힘이 되는 긍정의 말을 써 본다면?

_____

_____

♥ 지금 감사한 이유는?

_____ 라서 감사하다.

_____ 에도 불구하고 _____ 해서 감사하다.

_____ 가 있기 때문에 감사하다.

♥ 간절히 바라는 것 한 가지는?

_____

194일차   Date   .   .

- 나는 몸과 마음과 영혼의 부자다.
- 나는 항상 돈의 무한 공급에 연결되어 있다.
- 나는 돈이 무한히 공급된다.

♥ 자신에게 힘이 되는 긍정의 말을 써 본다면?

♥ 지금 감사한 이유는?

_____ 라서 감사하다.
_____ 에도 불구하고 _____ 해서 감사하다.
_____ 가 있기 때문에 감사하다.

♥ 간절히 바라는 것 한 가지는?

195일차   *Date*   .   .

- 나는 모든 종류의 풍요로움을 끌어온다.
- 나는 돈이 나에게 끊임없이 쏟아진다.
- 돈은 나에게 자연스러운 진동이다.

♥ 자신에게 힘이 되는 긍정의 말을 써 본다면?

♥ 지금 감사한 이유는?

_____라서 감사하다.
_____에도 불구하고 _____해서 감사하다.
_____가 있기 때문에 감사하다.

♥ 간절히 바라는 것 한 가지는?

196일차

- 번영하는 것이 나의 자연스러운 존재의 진동이다.
- 나의 진짜 자아는 풍성함이다.
- 나는 내가 이 많은 돈으로 뭘 해야 좋을지 고민할 정도로 많은 돈이 있다.

♥ 자신에게 힘이 되는 긍정의 말을 써 본다면?

♥ 지금 감사한 이유는?

_____ 라서 감사하다.

_____ 에도 불구하고 _____ 해서 감사하다.

_____ 가 있기 때문에 감사하다.

♥ 간절히 바라는 것 한 가지는?

197일차　　　　　　　　*Date*　　　．　　．

- 나는 내가 관리할 수 있는 것보다 더 많은 돈이 있다.
- 나는 돈과 풍요와 번성과 번영과 풍성함을 떠올리려고 할 때 항상 무한에 접속한다.
- 나는 숨을 쉴 때마다 돈을 번다.

_____

_____

_____

♥ **자신에게 힘이 되는 긍정의 말을 써 본다면?**

_____

_____

♥ **지금 감사한 이유는?**

_____ 라서 감사하다.

_____ 에도 불구하고 _____ 해서 감사하다.

_____ 가 있기 때문에 감사하다.

♥ **간절히 바라는 것 한 가지는?**

_____

198일차   Date   .   .

- 내 삶은 최상의 선을 위해 풍요로움의 증거가 된다.
- 사람들은 나에게 돈을 많이 번 비법을 물어 온다.
- 나는 그때 이 확언이 그렇게 많이 벌게 해 준 비법이라고 가르쳐 준다.

_____

_____

_____

♥ 자신에게 힘이 되는 긍정의 말을 써 본다면?

_____

_____

♥ 지금 감사한 이유는?

_____ 라서 감사하다.

_____ 에도 불구하고 _____ 해서 감사하다.

_____ 가 있기 때문에 감사하다.

♥ 간절히 바라는 것 한 가지는?

_____

199일차 *Date   .   .*

- 준비가 되면 스승이 나타난다.
- 나는 초강력 자석으로 성공한다.
- 나는 성공하기 위해 태어났다.

_____

_____

_____

♥ 자신에게 힘이 되는 긍정의 말을 써 본다면?

_____

_____

♥ 지금 감사한 이유는?

_____ 라서 감사하다.

_____ 에도 불구하고 _____ 해서 감사하다.

_____ 가 있기 때문에 감사하다.

♥ 간절히 바라는 것 한 가지는?

_____

200일차　　　　　　　　　*Date*　　．　．

- 나는 성공 기계다.
- 나는 항상 돈을 버는 아이디어가 계속 나온다.
- 나는 내 이름의 별칭을 풍요라고 정한다.

_____

_____

_____

♥ 자신에게 힘이 되는 긍정의 말을 써 본다면?

_____

_____

♥ 지금 감사한 이유는?

_____ 라서 감사하다.

_____ 에도 불구하고 _____ 해서 감사하다.

_____ 가 있기 때문에 감사하다.

♥ 간절히 바라는 것 한 가지는?

_____

201일차　　　　　*Date*　　．　．

- 나는 풍요로움에 관해서는 운이 정말 좋다.
- 나는 돈을 사랑한다.
- 나는 돈을 연인처럼 대한다.

_____

_____

_____

♥ **자신에게 힘이 되는 긍정의 말을 써 본다면?**

_____

_____

♥ **지금 감사한 이유는?**

_____ 라서 감사하다.

_____ 에도 불구하고 _____ 해서 감사하다.

_____ 가 있기 때문에 감사하다.

♥ **간절히 바라는 것 한 가지는?**

_____

202일차　　　　　　　*Date*　　.　　.

- 나는 행운아다.
- 나는 돈에 관해서 축복받았다.
- 나는 돈이 좋다고 생각한다.

_____

_____

_____

♥ 자신에게 힘이 되는 긍정의 말을 써 본다면?

_____

_____

♥ 지금 감사한 이유는?

_____ 라서 감사하다.

_____ 에도 불구하고 _____ 해서 감사하다.

_____ 가 있기 때문에 감사하다.

♥ 간절히 바라는 것 한 가지는?

_____

203일차　　　　　　　*Date*　　.　　.

- 돈은 내 친구다.
- 돈에 대한 부정적인 생각은 차단한다.
- 나는 내가 가는 모든 곳마다 풍요와 재물과 번성함을 끌어당긴다.

_____

_____

_____

♥ **자신에게 힘이 되는 긍정의 말을 써 본다면?**

_____

_____

♥ **지금 감사한 이유는?**

_____라서 감사하다.

_____에도 불구하고 _____해서 감사하다.

_____가 있기 때문에 감사하다.

♥ **간절히 바라는 것 한 가지는?**

_____

204일차　　　　　　　　　　*Date*　　　.　　　.

- 나에게 돈은 원래 들어오기로 한 곳에서도 오고 뜻밖의 놀라운 곳에서도 온다.
- 나는 항상 풍요로운 삶에 대해 명상한다.
- 내 수입은 계속해서 증가한다.

_____

_____

_____

♥ **자신에게 힘이 되는 긍정의 말을 써 본다면?**

_____

_____

♥ **지금 감사한 이유는?**

_____ 라서 감사하다.

_____ 에도 불구하고 _____ 해서 감사하다.

_____ 가 있기 때문에 감사하다.

♥ **간절히 바라는 것 한 가지는?**

_____

205일차 　　　　　　　　　　　*Date*　　．　．

- 나는 매일 더 많은 돈을 벌고 받는다.
- 돈과 재물은 나에게 있어서 존재의 자연스러운 형태다.
- 나는 돈이 나에게 달라붙게 한다.

_____

_____

_____

♥ 자신에게 힘이 되는 긍정의 말을 써 본다면?

_____

_____

♥ 지금 감사한 이유는?

_____ 라서 감사하다.

_____ 에도 불구하고 _____ 해서 감사하다.

_____ 가 있기 때문에 감사하다.

♥ 간절히 바라는 것 한 가지는?

_____

206일차　　　Date　．　．

- 나는 돈에 끌린다.
- 나는 돈이 호스처럼 나에게 뿌려진다고 상상한다.
- 나는 신이 나에게 주는 엄청난 부를 받아들인다.

_____

_____

_____

❤ 자신에게 힘이 되는 긍정의 말을 써 본다면?

_____

_____

❤ 지금 감사한 이유는?

_____ 라서 감사하다.

_____ 에도 불구하고 _____ 해서 감사하다.

_____ 가 있기 때문에 감사하다.

❤ 간절히 바라는 것 한 가지는?

_____

207일차　　　　　　　　　*Date*　　　.　　.

- 나는 신의 큰 풍요와 접속된다.
- 신은 언제나 나에게 큰 풍요를 주기 위해 기다린다.
- 나는 내가 꿈꿨던 것보다 훨씬 더 큰 부를 만든다.

_____

_____

_____

♥ 자신에게 힘이 되는 긍정의 말을 써 본다면?

_____

_____

♥ 지금 감사한 이유는?

_____ 라서 감사하다.

_____ 에도 불구하고 _____ 해서 감사하다.

_____ 가 있기 때문에 감사하다.

♥ 간절히 바라는 것 한 가지는?

_____

208일차

Date   .   .

- 나는 항상 내가 쓰고 나누고 기부할 정도보다 더 큰 부를 벌어들인다.
- 나는 자동적이고 고정적으로 들어오는 수입원이 많다.
- 나는 재정적으로 독립한다.

_____

_____

_____

♥ **자신에게 힘이 되는 긍정의 말을 써 본다면?**

_____

_____

♥ **지금 감사한 이유는?**

_____ 라서 감사하다.

_____ 에도 불구하고 _____ 해서 감사하다.

_____ 가 있기 때문에 감사하다.

♥ **간절히 바라는 것 한 가지는?**

_____

209일차   *Date*   .   .

- 나는 재정적으로 안전하다.
- 나는 부자가 되기로 예정되어 있다.
- 나는 부유하기로 되어 있다.

_____

_____

_____

♥ **자신에게 힘이 되는 긍정의 말을 써 본다면?**

_____

_____

♥ **지금 감사한 이유는?**

_____ 라서 감사하다.

_____ 에도 불구하고 _____ 해서 감사하다.

_____ 가 있기 때문에 감사하다.

♥ **간절히 바라는 것 한 가지는?**

_____

210일차

- 나는 우주가 주는 모든 좋은 것들과 풍요에 마음을 연다.
- 나는 무한한 수입원을 환영한다.
- 나는 무한 재물의 근원을 좋아한다.

_____

_____

_____

♥ 자신에게 힘이 되는 긍정의 말을 써 본다면?

_____

_____

♥ 지금 감사한 이유는?

_____ 라서 감사하다.

_____ 에도 불구하고 _____ 해서 감사하다.

_____ 가 있기 때문에 감사하다.

♥ 간절히 바라는 것 한 가지는?

_____

211일차

- 나는 풍요 에너지에 접속되어 있다.
- 나는 계속해서 돈을 창조하는 기회를 끌어당긴다.
- 나는 항상 내가 필요로 하는 것보다 더 많은 돈이 있다.

_____

_____

_____

♥ 자신에게 힘이 되는 긍정의 말을 써 본다면?

_____

_____

♥ 지금 감사한 이유는?

_____ 라서 감사하다.

_____ 에도 불구하고 _____ 해서 감사하다.

_____ 가 있기 때문에 감사하다.

♥ 간절히 바라는 것 한 가지는?

_____

212일차　　　　　Date　　.　　.

- 나는 우주를 나의 풍요 우군으로 설정한다.
- 우주는 항상 나에게 무한한 풍요로움을 제공하는 공급원이다.
- 나는 돈에 관해서 위대하다.

_____

_____

_____

♥ **자신에게 힘이 되는 긍정의 말을 써 본다면?**

_____

_____

♥ **지금 감사한 이유는?**

_____ 라서 감사하다.

_____ 에도 불구하고 _____ 해서 감사하다.

_____ 가 있기 때문에 감사하다.

♥ **간절히 바라는 것 한 가지는?**

_____

213일차   *Date*   .   .

- 나는 내가 사랑하는 일을 하면서 큰돈을 번다.
- 나는 돈이 내 인생에서 긍정적인 영향을 끼치는 것을 안다.
- 나는 언제나 풍요와 하나다.

_____

_____

_____

♥ **자신에게 힘이 되는 긍정의 말을 써 본다면?**

_____

_____

♥ **지금 감사한 이유는?**

_____ 라서 감사하다.

_____ 에도 불구하고 _____ 해서 감사하다.

_____ 가 있기 때문에 감사하다.

♥ **간절히 바라는 것 한 가지는?**

_____

214일차　　　　　　Date　　.　　.

- 나는 어마어마한 풍요를 기대한다.
- 내가 해야 할 한 가지는 우주에 풍요를 요청하는 것이고 그것을 허락하는 것이다.
- 나는 항상 돈이 나에게 와서 더 크게 복리로 늘어나는 것을 허락한다.

_____

_____

_____

♥ **자신에게 힘이 되는 긍정의 말을 써 본다면?**

_____

_____

♥ **지금 감사한 이유는?**

_____라서 감사하다.

_____에도 불구하고 _____해서 감사하다.

_____가 있기 때문에 감사하다.

♥ **간절히 바라는 것 한 가지는?**

_____

215일차　　　　　　　　　*Date*　　　．　．

- 나는 항상 편안하게 살고 기쁨으로 하루를 보낸다.
- 나는 어디를 가든지 돈을 끌어당긴다.
- 나는 삶이 나에게 제공해야 하는 기쁨과 풍요로움을 받아들인다.

_____

_____

_____

♥ **자신에게 힘이 되는 긍정의 말을 써 본다면?**

_____

_____

♥ **지금 감사한 이유는?**

_____ 라서 감사하다.

_____ 에도 불구하고 _____ 해서 감사하다.

_____ 가 있기 때문에 감사하다.

♥ **간절히 바라는 것 한 가지는?**

_____

216일차 Date . .

- 내가 필요한 돈이 지금 나에게 흘러들어 오고 있다.
- 나는 돈을 더 많이 벌면 벌수록 더 많은 돈을 내놓는다.
- 돈은 항상 자유롭게 순환한다.

___

___

___

♥ **자신에게 힘이 되는 긍정의 말을 써 본다면?**

___

___

♥ **지금 감사한 이유는?**

_____ 라서 감사하다.

_____ 에도 불구하고 _____ 해서 감사하다.

_____ 가 있기 때문에 감사하다.

♥ **간절히 바라는 것 한 가지는?**

___

217일차

- 내 삶은 항상 쓰고도 남을 정도로 풍요롭다.
- 나는 투자에 자유롭다.
- 나는 돈에 대해서 어떤 안 좋은 에너지도 없다.

_____

_____

_____

♥ 자신에게 힘이 되는 긍정의 말을 써 본다면?

_____

_____

♥ 지금 감사한 이유는?

_____ 라서 감사하다.

_____ 에도 불구하고 _____ 해서 감사하다.

_____ 가 있기 때문에 감사하다.

♥ 간절히 바라는 것 한 가지는?

_____

218일차   Date   .   .

- 나는 돈을 대할 때 편안하다.
- 나는 항상 돈이 내 인생에서 아주 잘 순환하게 한다.
- 나는 경계가 없는 무경계의 부유한 삶을 산다.

_____

_____

_____

♥ 자신에게 힘이 되는 긍정의 말을 써 본다면?

_____

_____

♥ 지금 감사한 이유는?

_____ 라서 감사하다.

_____ 에도 불구하고 _____ 해서 감사하다.

_____ 가 있기 때문에 감사하다.

♥ 간절히 바라는 것 한 가지는?

_____

219일차 *Date* . .

- 나는 항상 풍요로움의 자연스러운 속성에 접속되어 있다.
- 재물은 항상 내 안에 있다. 재화가 내 안에 흘러넘친다.
- 매일 모든 면에서 나는 점점 더 많은 재물을 생성한다.

♥ **자신에게 힘이 되는 긍정의 말을 써 본다면?**

♥ **지금 감사한 이유는?**

_____ 라서 감사하다.

_____ 에도 불구하고 _____ 해서 감사하다.

_____ 가 있기 때문에 감사하다.

♥ **간절히 바라는 것 한 가지는?**

220일차　　　　　　Date　　.　　.

- 나는 부자가 되기로 이미 태어나기 전부터 예정되었다.
- 나는 반드시 부자가 된다.
- 그것도 아주 큰 부자가 된다.

_____

_____

_____

♥ 자신에게 힘이 되는 긍정의 말을 써 본다면?

_____

_____

♥ 지금 감사한 이유는?

_____라서 감사하다.

_____에도 불구하고 _____해서 감사하다.

_____가 있기 때문에 감사하다.

♥ 간절히 바라는 것 한 가지는?

_____

221일차　　　　　*Date*　　.　　.

- 내가 숨을 들이쉬고 내쉴 때마다 나는 점점 더 부유해진다.
- 돈은 항상 내 주변에 있다.
- 돈은 나에게 깃털이 달라붙는 것처럼 항상 내 주위에 있다.

_____

_____

_____

♥ **자신에게 힘이 되는 긍정의 말을 써 본다면?**

_____

_____

♥ **지금 감사한 이유는?**

_____라서 감사하다.

_____에도 불구하고 _____해서 감사하다.

_____가 있기 때문에 감사하다.

♥ **간절히 바라는 것 한 가지는?**

_____

222일차   Date   .   .

- 재물에 대한 아이디어가 계속 나온다.
- 돈은 항상 나에게 들어온다.
- 돈과 사랑은 에너지다.

_____

_____

_____

♥ 자신에게 힘이 되는 긍정의 말을 써 본다면?

_____

_____

♥ 지금 감사한 이유는?

_____ 라서 감사하다.

_____ 에도 불구하고 _____ 해서 감사하다.

_____ 가 있기 때문에 감사하다.

♥ 간절히 바라는 것 한 가지는?

_____

223일차　　　　　　　　*Date*　　.　　.

- 돈은 좋은 에너지다.
- 나는 돈을 존중한다.
- 돈은 도움이 되는 에너지다.

_____

_____

_____

♥ 자신에게 힘이 되는 긍정의 말을 써 본다면?

_____

_____

♥ 지금 감사한 이유는?

_____ 라서 감사하다.

_____ 에도 불구하고 _____ 해서 감사하다.

_____ 가 있기 때문에 감사하다.

♥ 간절히 바라는 것 한 가지는?

_____

224일차　　　　　　　　*Date*　　．　．

- 나는 돈의 에너지를 사랑한다.
- 나는 돈이 주는 자유를 사랑한다.
- 나는 무한하고 거대한 돈의 흐름과 하나다.

_____

_____

_____

♥ **자신에게 힘이 되는 긍정의 말을 써 본다면?**

_____

_____

♥ **지금 감사한 이유는?**

_____라서 감사하다.

_____에도 불구하고 _____해서 감사하다.

_____가 있기 때문에 감사하다.

♥ **간절히 바라는 것 한 가지는?**

_____

225일차

- 나는 거대한 돈과 하나다.
- 나는 성공과 좋은 운의 자석이다.
- 나는 성공을 끌어당기는 자석이다.

_____

_____

_____

♥ **자신에게 힘이 되는 긍정의 말을 써 본다면?**

_____

_____

♥ **지금 감사한 이유는?**

_____라서 감사하다.

_____ 에도 불구하고 _____ 해서 감사하다.

_____가 있기 때문에 감사하다.

♥ **간절히 바라는 것 한 가지는?**

_____

226일차

- 나는 운을 끌어당기는 자석이다.
- 나는 풍요의 우주에 산다.
- 내 지갑은 항상 돈으로 흘러넘친다.

_____

_____

_____

♥ **자신에게 힘이 되는 긍정의 말을 써 본다면?**

_____

_____

♥ **지금 감사한 이유는?**

_____ 라서 감사하다.

_____ 에도 불구하고 _____ 해서 감사하다.

_____ 가 있기 때문에 감사하다.

♥ **간절히 바라는 것 한 가지는?**

_____

227일차 　　　　　　　　　*Date* 　　.　　.

- 나는 새로운 수입원에 마음을 열고 받아들인다.
- 나는 항상 우주 은행을 나의 무한한 공급처로 인식한다.
- 나는 언제나 내가 필요로 하는 것보다 더 많은 돈을 가지고 있다.

_____

_____

_____

♥ 자신에게 힘이 되는 긍정의 말을 써 본다면?

_____

_____

♥ 지금 감사한 이유는?

_____라서 감사하다.

_____ 에도 불구하고 _____ 해서 감사하다.

_____가 있기 때문에 감사하다.

♥ 간절히 바라는 것 한 가지는?

_____

228일차　　　　　　　Date　　.　　.

- 나는 돈이 나에게 더 풍족하게 들어오도록 허용한다.
- 나는 돈을 쉽게 끌어당긴다.
- 내 욕구와 필요는 언제나 채워진다.

_____

_____

_____

♥ 자신에게 힘이 되는 긍정의 말을 써 본다면?

_____

_____

♥ 지금 감사한 이유는?

_____ 라서 감사하다.

_____ 에도 불구하고 _____ 해서 감사하다.

_____ 가 있기 때문에 감사하다.

♥ 간절히 바라는 것 한 가지는?

_____

229일차　　　　　　*Date*　　．　．

- 나는 우리 모두를 위해 무한한 풍요가 있다는 것을 믿는다.
- 매일 일어나는 자연 현상을 보면 이미 모든 게 완벽한 것을 안다.
- 항상 나에게 풍족한 돈이 있다.

_____

_____

_____

♥ 자신에게 힘이 되는 긍정의 말을 써 본다면?

_____

_____

♥ 지금 감사한 이유는?

_____라서 감사하다.

_____에도 불구하고 _____해서 감사하다.

_____가 있기 때문에 감사하다.

♥ 간절히 바라는 것 한 가지는?

_____

230일차　　　　　Date　　．　．

- 나는 돈을 의미 있고 가치 있는 곳에 쓴다.
- 나는 나 자신을 최고의 인생을 살도록 허락한다.
- 나는 항상 쓸 돈이 많이 있다.

_____

_____

_____

♥ **자신에게 힘이 되는 긍정의 말을 써 본다면?**

_____

_____

♥ **지금 감사한 이유는?**

_____ 라서 감사하다.

_____ 에도 불구하고 _____ 해서 감사하다.

_____ 가 있기 때문에 감사하다.

♥ **간절히 바라는 것 한 가지는?**

_____

231일차   *Date*   .   .

- 내가 손대는 곳은 모두 다 금으로 바뀐다.
- 나는 부의 아이콘이다.
- 나는 내가 요구한 것보다 더 큰 부를 쌓는다.

_____

_____

_____

♥ 자신에게 힘이 되는 긍정의 말을 써 본다면?

_____

_____

♥ 지금 감사한 이유는?

_____ 라서 감사하다.

_____ 에도 불구하고 _____ 해서 감사하다.

_____ 가 있기 때문에 감사하다.

♥ 간절히 바라는 것 한 가지는?

_____

232일차　　　　　*Date*　　.　　.

- 나는 매일 돈을 버는 아이디어들이 계속 넘친다.
- 나는 항상 뜻밖의 놀라운 풍요를 주는 메일을 받는다.
- 나는 지금 여기에서 다양한 수입원을 받고 있다.

_____

_____

_____

♥ **자신에게 힘이 되는 긍정의 말을 써 본다면?**

_____

_____

♥ **지금 감사한 이유는?**

_____라서 감사하다.

_____ 에도 불구하고 _____ 해서 감사하다.

_____ 가 있기 때문에 감사하다.

♥ **간절히 바라는 것 한 가지는?**

_____

233일차   *Date*   .   .

- 나는 돈을 좋아하고 돈은 나를 다시 좋아한다.
- 나는 부유함을 느낀다.
- 나는 돈을 좋아한다.

_____

_____

_____

♥ **자신에게 힘이 되는 긍정의 말을 써 본다면?**

_____

_____

♥ **지금 감사한 이유는?**

_____라서 감사하다.

_____ 에도 불구하고 _____ 해서 감사하다.

_____ 가 있기 때문에 감사하다.

♥ **간절히 바라는 것 한 가지는?**

_____

234일차

Date   .   .

- 돈도 나를 좋아한다.
- 매일 돈에 대한 의식이 점점 상승한다.
- 돈에 대한 의식이 높아질수록 돈이 쌓인다.

_____

_____

_____

♥ **자신에게 힘이 되는 긍정의 말을 써 본다면?**

_____

_____

♥ **지금 감사한 이유는?**

_____라서 감사하다.

_____ 에도 불구하고 _____ 해서 감사하다.

_____가 있기 때문에 감사하다.

♥ **간절히 바라는 것 한 가지는?**

_____

235일차   *Date*   .   .

- 돈이 강물처럼 흘러들어 온다.
- 나는 돈을 창조한다.
- 나는 기쁨과 자기 사랑을 통해서 풍요를 쌓는다.

_____

_____

_____

♥ 자신에게 힘이 되는 긍정의 말을 써 본다면?

_____

_____

♥ 지금 감사한 이유는?

_____ 라서 감사하다.

_____ 에도 불구하고 _____ 해서 감사하다.

_____ 가 있기 때문에 감사하다.

♥ 간절히 바라는 것 한 가지는?

_____

236일차　　　　　Date　　.　　.

- 나는 잠재의식에 돈을 사랑하는 의식을 심는다.
- 돈은 내 인생에 쉽게 흘러들어 온다.
- 나는 수입이 지출을 초과한다.

_____

_____

_____

♥ 자신에게 힘이 되는 긍정의 말을 써 본다면?

_____

_____

♥ 지금 감사한 이유는?

_____ 라서 감사하다.

_____ 에도 불구하고 _____ 해서 감사하다.

_____ 가 있기 때문에 감사하다.

♥ 간절히 바라는 것 한 가지는?

_____

237일차   *Date*   .   .

- 내가 매일 열렬히 감사하기 때문에 필요한 모든 것을 끌어온다.
- 내 감사하는 심장이 원하는 것을 끌어오는 자석이다.
- 나는 매일 자기 전 감사의 감정을 충분히 느낀다.

_____

_____

_____

♥ **자신에게 힘이 되는 긍정의 말을 써 본다면?**

_____

_____

♥ **지금 감사한 이유는?**

_____라서 감사하다.

_____에도 불구하고 _____해서 감사하다.

_____가 있기 때문에 감사하다.

♥ **간절히 바라는 것 한 가지는?**

_____

238일차　　　　　　　　　Date　　．　．

- 돈을 끌어당기는 것은 쉽다.
- 나는 돈에 대해 긍정적인 마음을 갖는다.
- 내가 어딜 가든 풍요가 날 따라온다.

_____

_____

_____

♥ **자신에게 힘이 되는 긍정의 말을 써 본다면?**

_____

_____

♥ **지금 감사한 이유는?**

_____라서 감사하다.

_____에도 불구하고 _____해서 감사하다.

_____가 있기 때문에 감사하다.

♥ **간절히 바라는 것 한 가지는?**

_____

239일차　　　　　　　　*Date*　　.　　.

- 부는 좋은 것이다.
- 부는 놀랍고 경이롭다.
- 돈이 모인다는 것은 서비스와 아이디어를 적용해 행동했단 뜻이다.

_____

_____

_____

♥ 자신에게 힘이 되는 긍정의 말을 써 본다면?

_____

_____

♥ 지금 감사한 이유는?

_____라서 감사하다.

_____에도 불구하고 _____해서 감사하다.

_____가 있기 때문에 감사하다.

♥ 간절히 바라는 것 한 가지는?

_____

240일차

- 돈은 나의 좋은 친구다.
- 돈과 나는 아주 가까운 친한 사이다.
- 돈과 풍요와 번영과 부유함은 내 것이다.

_____

_____

_____

♥ 자신에게 힘이 되는 긍정의 말을 써 본다면?

_____

_____

♥ 지금 감사한 이유는?

_____ 라서 감사하다.

_____ 에도 불구하고 _____ 해서 감사하다.

_____ 가 있기 때문에 감사하다.

♥ 간절히 바라는 것 한 가지는?

_____

241일차

- 돈과 풍요는 내가 받아들이기로 결정한 존재의 상태다.
- 나는 풍요로워지기로 예정되어 있다.
- 나는 부자가 될 운명에 있다.

♥ **자신에게 힘이 되는 긍정의 말을 써 본다면?**

♥ **지금 감사한 이유는?**

_____ 라서 감사하다.

_____ 에도 불구하고 _____ 해서 감사하다.

_____ 가 있기 때문에 감사하다.

♥ **간절히 바라는 것 한 가지는?**

242일차   Date   .   .

- 나의 풍요의 공급원도 차고 넘친다.
- 재물에 대해서 더 많이 긍정적으로 주의를 기울이면, 더 많은 재물을 모은다.
- 나는 반드시 성공한다.

_____

_____

_____

♥ 자신에게 힘이 되는 긍정의 말을 써 본다면?

_____

_____

♥ 지금 감사한 이유는?

_____ 라서 감사하다.

_____ 에도 불구하고 _____ 해서 감사하다.

_____ 가 있기 때문에 감사하다.

♥ 간절히 바라는 것 한 가지는?

_____

243일차　　　　　　　　*Date*　　．　．

- 돈은 에너지다.
- 나는 돈의 에너지로 둘러싸여 있다.
- 내 생각은 항상 풍요와 부유함의 주파수에 고정되어 있다.

_____

_____

_____

♥ **자신에게 힘이 되는 긍정의 말을 써 본다면?**

_____

_____

♥ **지금 감사한 이유는?**

_____라서 감사하다.

_____ 에도 불구하고 _____ 해서 감사하다.

_____ 가 있기 때문에 감사하다.

♥ **간절히 바라는 것 한 가지는?**

_____

244일차　　　　　　　*Date*　　　．　　．

- 나는 내가 원하는 만큼 성공할 수 있다.
- 나는 항상 풍요로움을 창조할 수 있도록 무한지성의 안내를 받는다.
- 내가 돈을 더 많이 얻을수록 더 많은 기회가 찾아온다.

_____

_____

_____

♥ 자신에게 힘이 되는 긍정의 말을 써 본다면?

_____

_____

♥ 지금 감사한 이유는?

_____ 라서 감사하다.

_____ 에도 불구하고 _____ 해서 감사하다.

_____ 가 있기 때문에 감사하다.

♥ 간절히 바라는 것 한 가지는?

_____

245일차　　　　Date　　.　　.

- 나는 자동화 수입 시스템의 천재다.
- 나는 돈의 마스터다.
- 돈이 더 많이 생기면 제공할 수 있는 서비스의 질도 높아진다.

_____

_____

_____

♥ 자신에게 힘이 되는 긍정의 말을 써 본다면?

_____

_____

♥ 지금 감사한 이유는?

_____라서 감사하다.

_____에도 불구하고 _____해서 감사하다.

_____가 있기 때문에 감사하다.

♥ 간절히 바라는 것 한 가지는?

_____

246일차　　　　　Date　　.　　.

- 나는 지불해야 할 금액을 제때에 지불한다.
- 나는 다양한 수입원이 있는 것에 대해 감사한다.
- 내가 더 많이 감사함을 느끼면 느낄수록 더 많이 풍요로워진다.

_____

_____

_____

♥ **자신에게 힘이 되는 긍정의 말을 써 본다면?**

_____

_____

♥ **지금 감사한 이유는?**

_____ 라서 감사하다.

_____ 에도 불구하고 _____ 해서 감사하다.

_____ 가 있기 때문에 감사하다.

♥ **간절히 바라는 것 한 가지는?**

_____

247일차　　　　　　　*Date*　　.　　.

- 나는 풍요로웠고, 지금 풍요롭고, 앞으로도 풍요로워질 것이다.
- 나는 내가 항상 필요한 것을 다 얻는다.
- 우주는 항상 나를 잘 보살펴 준다.

_____

_____

_____

♥ **자신에게 힘이 되는 긍정의 말을 써 본다면?**

_____

_____

♥ **지금 감사한 이유는?**

_____ 라서 감사하다.

_____ 에도 불구하고 _____ 해서 감사하다.

_____ 가 있기 때문에 감사하다.

♥ **간절히 바라는 것 한 가지는?**

_____

248일차

- 나는 돈이 따라붙는 자석이다.
- 모든 종류의 풍요로움이 나에게로 몰려온다.
- 나는 돈을 사랑한다.

♥ **자신에게 힘이 되는 긍정의 말을 써 본다면?**

♥ **지금 감사한 이유는?**

_____ 라서 감사하다.

_____ 에도 불구하고 _____ 해서 감사하다.

_____ 가 있기 때문에 감사하다.

♥ **간절히 바라는 것 한 가지는?**

249일차   *Date*   .   .

- 나는 돈을 자연스레 끌어온다.
- 나는 자연의 기적이다.
- 자연은 풍요로움이다.

_____

_____

_____

♥ **자신에게 힘이 되는 긍정의 말을 써 본다면?**

_____

_____

♥ **지금 감사한 이유는?**

_____ 라서 감사하다.

_____ 에도 불구하고 _____ 해서 감사하다.

_____ 가 있기 때문에 감사하다.

♥ **간절히 바라는 것 한 가지는?**

_____

250일차　　　　　　Date　　．　．

- 나는 풍요로운 자연의 기적이다.
- 내 수입은 꾸준히 증가한다.
- 나는 어딜 가든 번성한다.

_____

_____

_____

♥ 자신에게 힘이 되는 긍정의 말을 써 본다면?

_____

_____

♥ 지금 감사한 이유는?

_____라서 감사하다.

_____ 에도 불구하고 _____ 해서 감사하다.

_____ 가 있기 때문에 감사하다.

♥ 간절히 바라는 것 한 가지는?

_____

251일차　　　　　　　*Date*　　　　.　　.

- 나는 돈을 두려움 없이 현명하게 사용한다.
- 나는 돈을 선순환을 잘 시킨다.
- 나는 돈의 공급원이 끊임없기 때문에 즉각 돈이 채워질 것을 안다.

_____

_____

_____

♥ **자신에게 힘이 되는 긍정의 말을 써 본다면?**

_____

_____

♥ **지금 감사한 이유는?**

_____라서 감사하다.

_____ 에도 불구하고 _____ 해서 감사하다.

_____ 가 있기 때문에 감사하다.

♥ **간절히 바라는 것 한 가지는?**

_____

252일차   *Date* . .

- 나는 돈을 사용하는 데 대한 두려움이 없다.
- 왜냐하면 돈의 공급처인 신은 즉각적으로 공급해 주고 끊임없이 채워 주기 때문이다.
- 나는 내 안에 있는 황금을 알아볼 수 있는 의식을 꺼낸다.

♥ 자신에게 힘이 되는 긍정의 말을 써 본다면?

♥ 지금 감사한 이유는?

_____ 라서 감사하다.

_____ 에도 불구하고 _____ 해서 감사하다.

_____ 가 있기 때문에 감사하다.

♥ 간절히 바라는 것 한 가지는?

253일차   *Date*   .   .

- 부의 흐름이 나에게 완벽한 방식으로 다가온다.
- 매일 모든 면에서 나는 더욱 더 풍요로워지고 있다.
- 나는 우주에 존재하는 모든 풍요로움을 받아들인다.

_____

_____

_____

♥ 자신에게 힘이 되는 긍정의 말을 써 본다면?

_____

_____

♥ 지금 감사한 이유는?

_____ 라서 감사하다.

_____ 에도 불구하고 _____ 해서 감사하다.

_____ 가 있기 때문에 감사하다.

♥ 간절히 바라는 것 한 가지는?

_____

254일차

- 나는 풍요롭기 위해서 태어났다.
- 나는 풍요로움의 운명을 타고났다.
- 나는 돈을 나누며 쓸 정도로 아주 많이 있다.

_____

_____

_____

♥ 자신에게 힘이 되는 긍정의 말을 써 본다면?

_____

_____

♥ 지금 감사한 이유는?

_____ 라서 감사하다.

_____ 에도 불구하고 _____ 해서 감사하다.

_____ 가 있기 때문에 감사하다.

♥ 간절히 바라는 것 한 가지는?

_____

255일차   *Date*   .   .

- 매일 모든 면에서 내 재화가 늘고 있다.
- 나는 내 삶에 존재하는 모든 풍요로움에 감사한다.
- 오늘은 부자의 기회가 찾아오는 날이다.

_____

_____

_____

♥ **자신에게 힘이 되는 긍정의 말을 써 본다면?**

_____

_____

♥ **지금 감사한 이유는?**

_____ 라서 감사하다.

_____ 에도 불구하고 _____ 해서 감사하다.

_____ 가 있기 때문에 감사하다.

♥ **간절히 바라는 것 한 가지는?**

_____

256일차

- 나는 그 기회를 마음의 문을 열고 환영한다.
- 돈에 대한 나의 태도는 항상 매일 더 긍정적으로 변화하고 있다.
- 나는 부자가 될 자격이 충분하다.

_____

_____

_____

♥ 자신에게 힘이 되는 긍정의 말을 써 본다면?

_____

_____

♥ 지금 감사한 이유는?

_____ 라서 감사하다.

_____ 에도 불구하고 _____ 해서 감사하다.

_____ 가 있기 때문에 감사하다.

♥ 간절히 바라는 것 한 가지는?

_____

257일차   *Date*   .   .

- 나는 재정적인 자유가 있다.
- 나는 돈에 대해 긍정적으로 생각하는 것이 쉽다.
- 나는 돈을 투자하는 데에 대해 마스터다.

_____

_____

_____

♥ 자신에게 힘이 되는 긍정의 말을 써 본다면?

_____

_____

♥ 지금 감사한 이유는?

_____ 라서 감사하다.

_____ 에도 불구하고 _____ 해서 감사하다.

_____ 가 있기 때문에 감사하다.

♥ 간절히 바라는 것 한 가지는?

_____

258일차   *Date*   .   .

- 나의 재정적인 투자들은 항상 두 배 이상의 수익을 나게 한다.
- 재정적인 기회가 항상 내 삶에 많이 있다.
- 내 안에 풍요로움이 있다.

_____

_____

_____

♥ 자신에게 힘이 되는 긍정의 말을 써 본다면?

_____

_____

♥ 지금 감사한 이유는?

_____ 라서 감사하다.

_____ 에도 불구하고 _____ 해서 감사하다.

_____ 가 있기 때문에 감사하다.

♥ 간절히 바라는 것 한 가지는?

_____

259일차　　　　　　　*Date*　　．　　．

- 내 주변에는 풍요로움만이 존재한다.
- 매일이 풍요로운 날이다.
- 매일 나는 더 많은 돈을 끌어당긴다.

_____

_____

_____

♥ **자신에게 힘이 되는 긍정의 말을 써 본다면?**

_____

_____

♥ **지금 감사한 이유는?**

_____ 라서 감사하다.

_____ 에도 불구하고 _____ 해서 감사하다.

_____ 가 있기 때문에 감사하다.

♥ **간절히 바라는 것 한 가지는?**

_____

260일차

- 나는 지금 나 자신을 번영하는 사람으로 간주한다.
- 새로운 기회가 축복 가득 담아 나에게 오고 있다.
- 나는 일관성 있고 쉽게 내가 바라는 꿈을 이루기 위한 돈이 나타나게 한다.

♥ 자신에게 힘이 되는 긍정의 말을 써 본다면?

♥ 지금 감사한 이유는?

_____ 라서 감사하다.

_____ 에도 불구하고 _____ 해서 감사하다.

_____ 가 있기 때문에 감사하다.

♥ 간절히 바라는 것 한 가지는?

261일차   *Date*   .   .

- 나는 자유롭게 돈을 주고받는다.
- 나의 재정 상태는 신성하고 축복받았다.
- 나는 믿을 수 없는 기회들을 끌어당긴다.

_____

_____

_____

♥ **자신에게 힘이 되는 긍정의 말을 써 본다면?**

_____

_____

♥ **지금 감사한 이유는?**

_____ 라서 감사하다.

_____ 에도 불구하고 _____ 해서 감사하다.

_____ 가 있기 때문에 감사하다.

♥ **간절히 바라는 것 한 가지는?**

_____

262일차   Date   .   .

- 나는 내 삶에 부를 창출하도록 완벽한 기회를 잡는다.
- 나는 재정적인 주제에 관해서는 신성한 지혜가 있다.
- 나는 풍요로움을 보고 번영을 짓는다.

_____

_____

_____

♥ 자신에게 힘이 되는 긍정의 말을 써 본다면?

_____

_____

♥ 지금 감사한 이유는?

_____ 라서 감사하다.

_____ 에도 불구하고 _____ 해서 감사하다.

_____ 가 있기 때문에 감사하다.

♥ 간절히 바라는 것 한 가지는?

_____

263일차   *Date*   .   .

- 나는 내가 부를 누릴 가치가 있다고 생각한다.
- 나는 부에 마음이 열려 있다.
- 나는 모든 풍요로움을 끌어당기도록 시각화한다.

_____

_____

_____

♥ **자신에게 힘이 되는 긍정의 말을 써 본다면?**

_____

_____

♥ **지금 감사한 이유는?**

_____ 라서 감사하다.

_____ 에도 불구하고 _____ 해서 감사하다.

_____ 가 있기 때문에 감사하다.

♥ **간절히 바라는 것 한 가지는?**

_____

264일차   *Date*   .   .

- 나는 완전한 풍요로움에 대한 비전을 가진다.
- 나는 모든 부를 마음의 문을 열어 받아들인다.
- 나는 돈이 애씀 없이 쉽게 나에게 오도록 한다.

♥ **자신에게 힘이 되는 긍정의 말을 써 본다면?**

♥ **지금 감사한 이유는?**

_____ 라서 감사하다.

_____ 에도 불구하고 _____ 해서 감사하다.

_____ 가 있기 때문에 감사하다.

♥ **간절히 바라는 것 한 가지는?**

265일차 　　　　　　　*Date*　　.　　.

- 나는 자신과 타인을 향해 긍정적으로 말하는 습관을 가졌다.
- 나는 항상 성공을 향한 긍정적인 마인드를 유지한다.
- 나는 마음속에 부의 이미지를 확고히 새긴다.

_____

_____

_____

♥ **자신에게 힘이 되는 긍정의 말을 써 본다면?**

_____

_____

♥ **지금 감사한 이유는?**

_____ 라서 감사하다.

_____ 에도 불구하고 _____ 해서 감사하다.

_____ 가 있기 때문에 감사하다.

♥ **간절히 바라는 것 한 가지는?**

_____

266일차

- 나는 돈을 신성하고 소중한 것이라고 선포한다.
- 나는 돈을 좋아한다.
- 나는 돈을 사랑한다.

♥ 자신에게 힘이 되는 긍정의 말을 써 본다면?

♥ 지금 감사한 이유는?

_____ 라서 감사하다.
_____ 에도 불구하고 _____ 해서 감사하다.
_____ 가 있기 때문에 감사하다.

♥ 간절히 바라는 것 한 가지는?

267일차　　　　　　　*Date*　　.　　.

- 나는 돈을 존중한다.
- 세상의 모든 사람과 사물이 나를 지금 부로 이끌고 있다.
- 나는 세상에서 모든 사람들 중에 가장 선량하고, 부유하고, 훌륭한 사람을 만난다.

_____

_____

_____

♥ 자신에게 힘이 되는 긍정의 말을 써 본다면?

_____

_____

♥ 지금 감사한 이유는?

_____ 라서 감사하다.

_____ 에도 불구하고 _____ 해서 감사하다.

_____ 가 있기 때문에 감사하다.

♥ 간절히 바라는 것 한 가지는?

_____

268일차   Date   .   .

- 인생에 득이 되는 좋은 일들만 일어난다.
- 내 앞에 놓인 모든 변화들은 긍정적인 것이다.
- 나는 자극과 반응 사이의 공간을 긍정적으로 선택한다.

_____

_____

_____

♥ 자신에게 힘이 되는 긍정의 말을 써 본다면?

_____

_____

♥ 지금 감사한 이유는?

_____ 라서 감사하다.

_____ 에도 불구하고 _____ 해서 감사하다.

_____ 가 있기 때문에 감사하다.

♥ 간절히 바라는 것 한 가지는?

_____

269일차

- 나는 타인의 성공을 기도하고 맘껏 축하해 준다.
- 나는 주변의 모든 사람들이 풍성한 부를 누리길 바란다.
- 나는 나 자신과 다른 사람들을 생각할 때 오직 부, 번영, 성공, 승리가 주된 생각이다.

♥ 자신에게 힘이 되는 긍정의 말을 써 본다면?

♥ 지금 감사한 이유는?

_____ 라서 감사하다.

_____ 에도 불구하고 _____ 해서 감사하다.

_____ 가 있기 때문에 감사하다.

♥ 간절히 바라는 것 한 가지는?

270일차   Date   .   .

- 나는 부의 사고 습관을 실천하여 풍성한 수확을 한다.
- 나는 가장 좋은 때에 좋은 결과로 다가올 것을 알기에 모든 집착을 내려놓는다.
- 나는 할 수 있다.

♥ **자신에게 힘이 되는 긍정의 말을 써 본다면?**

♥ **지금 감사한 이유는?**

_____ 라서 감사하다.

_____ 에도 불구하고 _____ 해서 감사하다.

_____ 가 있기 때문에 감사하다.

♥ **간절히 바라는 것 한 가지는?**

271일차   Date   .   .

- 나는 내 인생을 창조한다.
- 나는 재정적인 성공을 딱 바라던, 그 액수(원)로 만들어낸다.
- 나는 언제나 풍요와 부를 창조하길 의도한다.

_____

_____

_____

♥ 자신에게 힘이 되는 긍정의 말을 써 본다면?

_____

_____

♥ 지금 감사한 이유는?

_____ 라서 감사하다.

_____ 에도 불구하고 _____ 해서 감사하다.

_____ 가 있기 때문에 감사하다.

♥ 간절히 바라는 것 한 가지는?

_____

272일차　　　　　Date　　.　　.

- 나는 선한 영향력으로 부유하고 성공한 사람들을 존경한다.
- 나는 행복하고 건강하고 선한 사회적인 기여를 하는 부자들을 역할 모델로 삼는다.
- 나는 돈이 중요하다고 믿는다.

_____

_____

_____

♥ 자신에게 힘이 되는 긍정의 말을 써 본다면?

_____

_____

♥ 지금 감사한 이유는?

_____ 라서 감사하다.

_____ 에도 불구하고 _____ 해서 감사하다.

_____ 가 있기 때문에 감사하다.

♥ 간절히 바라는 것 한 가지는?

_____

273일차　　　　　　　　　　*Date*　　　．　　．

- 돈은 자유를 준다.
- 돈을 통해 삶이 더 즐거워질 수 있다.
- 나는 돈에 대한 어떠한 부정적인 생각도 다 놓아준다.

_____

_____

_____

♥ 자신에게 힘이 되는 긍정의 말을 써 본다면?

_____

_____

♥ 지금 감사한 이유는?

_____라서 감사하다.

_____ 에도 불구하고 _____해서 감사하다.

_____가 있기 때문에 감사하다.

♥ 간절히 바라는 것 한 가지는?

_____

274일차   *Date*   .   .

- 나는 다른 사람들의 삶에 가치를 더하기 때문에 부자가 될 자격이 있다.
- 나는 관대하게 사람들에게 대가를 바라지 않고 준다.
- 나는 탁월하게 잘 받는다.

_____

_____

_____

♥ 자신에게 힘이 되는 긍정의 말을 써 본다면?

_____

_____

♥ 지금 감사한 이유는?

_____ 라서 감사하다.

_____ 에도 불구하고 _____ 해서 감사하다.

_____ 가 있기 때문에 감사하다.

♥ 간절히 바라는 것 한 가지는?

_____

275일차

- 나는 지금 내가 가지고 있는 모든 돈에 진심으로 감사한다.
- 나는 생산성 높은 기회들이 나에게 다가오도록 마음의 문을 연다.
- 나는 돈을 관리하고 불리는 능력이 날로 늘어난다.

_____

_____

_____

♥ 자신에게 힘이 되는 긍정의 말을 써 본다면?

_____

_____

♥ 지금 감사한 이유는?

_____ 라서 감사하다.

_____ 에도 불구하고 _____ 해서 감사하다.

_____ 가 있기 때문에 감사하다.

♥ 간절히 바라는 것 한 가지는?

_____

276일차

- 나는 내가 일한 결과로 보상 받는다.
- 나는 순자산을 늘리는 데 집중한다.
- 나는 돈 관리를 잘한다.

_____

_____

_____

♥ **자신에게 힘이 되는 긍정의 말을 써 본다면?**

_____

_____

♥ **지금 감사한 이유는?**

_____ 라서 감사하다.

_____ 에도 불구하고 _____ 해서 감사하다.

_____ 가 있기 때문에 감사하다.

♥ **간절히 바라는 것 한 가지는?**

_____

277일차　　　　　　　　*Date*　　.　　.

- 나는 계속해서 배우고 성장한다.
- 나는 두려워도 일단 행동하겠다.
- 나는 할 수 있다.

_____

_____

_____

♥ **자신에게 힘이 되는 긍정의 말을 써 본다면?**

_____

_____

♥ **지금 감사한 이유는?**

_____ 라서 감사하다.

_____ 에도 불구하고 _____ 해서 감사하다.

_____ 가 있기 때문에 감사하다.

♥ **간절히 바라는 것 한 가지는?**

_____

278일차   Date   .   .

- 나는 해낸다.
- 나는 반드시 성공한다.
- 나는 강하다.

_____

_____

_____

♥ 자신에게 힘이 되는 긍정의 말을 써 본다면?

_____

_____

♥ 지금 감사한 이유는?

_____라서 감사하다.

_____에도 불구하고 _____해서 감사하다.

_____가 있기 때문에 감사하다.

♥ 간절히 바라는 것 한 가지는?

_____

279일차   *Date*   .   .

- 나는 튼튼하다.
- 나는 온전하다.
- 나는 완전하다.

_____
_____
_____

♥ 자신에게 힘이 되는 긍정의 말을 써 본다면?

_____
_____

♥ 지금 감사한 이유는?

_____라서 감사하다.
_____에도 불구하고 _____해서 감사하다.
_____가 있기 때문에 감사하다.

♥ 간절히 바라는 것 한 가지는?

_____

280일차

- 나는 정겹다.
- 나는 정답다.
- 나는 사랑이다.

_____

_____

_____

♥ 자신에게 힘이 되는 긍정의 말을 써 본다면?

_____

_____

♥ 지금 감사한 이유는?

_____ 라서 감사하다.

_____ 에도 불구하고 _____ 해서 감사하다.

_____ 가 있기 때문에 감사하다.

♥ 간절히 바라는 것 한 가지는?

_____

281일차　　　　　　　*Date*　　.　　.

- 나는 사랑 받는다.
- 나는 모든 사람들을 존중한다.
- 나는 축복 받았다.

_____

_____

_____

♥ **자신에게 힘이 되는 긍정의 말을 써 본다면?**

_____

_____

♥ **지금 감사한 이유는?**

_____ 라서 감사하다.

_____ 에도 불구하고 _____ 해서 감사하다.

_____ 가 있기 때문에 감사하다.

♥ **간절히 바라는 것 한 가지는?**

_____

282일차　　　　　Date　　.　　.

- 나는 기적이다.
- 나는 기적 창조자다.
- 나는 사회의 리더다.

_____

_____

_____

♥ 자신에게 힘이 되는 긍정의 말을 써 본다면?

_____

_____

♥ 지금 감사한 이유는?

_____라서 감사하다.

_____에도 불구하고 _____해서 감사하다.

_____가 있기 때문에 감사하다.

♥ 간절히 바라는 것 한 가지는?

_____

283일차   *Date*   .   .

- 나는 세계의 리더를 가르치는 리더다.
- 나는 마음을 단련하는 수행자다.
- 나는 부자다.

♥ **자신에게 힘이 되는 긍정의 말을 써 본다면?**

♥ **지금 감사한 이유는?**

_____ 라서 감사하다.

_____ 에도 불구하고 _____ 해서 감사하다.

_____ 가 있기 때문에 감사하다.

♥ **간절히 바라는 것 한 가지는?**

284일차　　　　　*Date*　　.　　.

- 나는 슈퍼 리치다.
- 나는 나를 믿고 늘 앞을 내다보며 행동한다.
- 나는 분명한 목표와 긍정적인 신념이 있다.

_____

_____

_____

♥ 자신에게 힘이 되는 긍정의 말을 써 본다면?

_____

_____

♥ 지금 감사한 이유는?

_____ 라서 감사하다.

_____ 에도 불구하고 _____ 해서 감사하다.

_____ 가 있기 때문에 감사하다.

♥ 간절히 바라는 것 한 가지는?

_____

285일차   Date   .   .

- 나는 최고가 된다.
- 나는 나에게 다가오는 기회를 완벽한 타이밍으로 잡는다.
- 나는 사람들의 가치와 잠재력을 끌어내는 리더다.

_____

_____

_____

♥ 자신에게 힘이 되는 긍정의 말을 써 본다면?

_____

_____

♥ 지금 감사한 이유는?

_____ 라서 감사하다.

_____ 에도 불구하고 _____ 해서 감사하다.

_____ 가 있기 때문에 감사하다.

♥ 간절히 바라는 것 한 가지는?

_____

286일차

- 나는 매일 수준 높은 질문을 한다.
- 나는 나에게 관대한 사람이다.
- 나는 돈이 나를 사랑하는 사람이다.

_____

_____

_____

♥ 자신에게 힘이 되는 긍정의 말을 써 본다면?

_____

_____

♥ 지금 감사한 이유는?

_____라서 감사하다.

_____ 에도 불구하고 _____해서 감사하다.

_____가 있기 때문에 감사하다.

♥ 간절히 바라는 것 한 가지는?

_____

287일차 Date   .   .

- 나는 자극과 반응 사이의 공간에 잠시 감정을 살핀다.
- 나는 온 우주의 사랑이고 기쁨이며 평화다.
- 나는 내 앞에 모든 변화들이 긍정적임을 확실히 안다.

_____

_____

_____

♥ 자신에게 힘이 되는 긍정의 말을 써 본다면?

_____

_____

♥ 지금 감사한 이유는?

_____ 라서 감사하다.

_____ 에도 불구하고 _____ 해서 감사하다.

_____ 가 있기 때문에 감사하다.

♥ 간절히 바라는 것 한 가지는?

_____

288일차

- 나는 모든 경험을 통해 배운다.
- 내 앞에 놓인 모든 경험들은 최상의 선을 향한 과정이다.
- 나는 영감이 넘친다.

_____

_____

_____

♥ 자신에게 힘이 되는 긍정의 말을 써 본다면?

_____

_____

♥ 지금 감사한 이유는?

_____라서 감사하다.

_____에도 불구하고 _____해서 감사하다.

_____가 있기 때문에 감사하다.

♥ 간절히 바라는 것 한 가지는?

_____

289일차　　　　　　　　*Date*　　.　　.

- 나는 중심이 잡혀 있다.
- 나는 감사가 넘친다.
- 나는 사랑이 넘친다.

_____

_____

_____

♥ 자신에게 힘이 되는 긍정의 말을 써 본다면?

_____

_____

♥ 지금 감사한 이유는?

_____ 라서 감사하다.

_____ 에도 불구하고 _____ 해서 감사하다.

_____ 가 있기 때문에 감사하다.

♥ 간절히 바라는 것 한 가지는?

_____

290일차 Date   .   .

- 나는 행복이 넘친다.
- 나는 평화가 넘친다.
- 나는 잘 단련되어 있다.

_____

_____

_____

♥ 자신에게 힘이 되는 긍정의 말을 써 본다면?

_____

_____

♥ 지금 감사한 이유는?

_____ 라서 감사하다.

_____ 에도 불구하고 _____ 해서 감사하다.

_____ 가 있기 때문에 감사하다.

♥ 간절히 바라는 것 한 가지는?

_____

291일차   *Date*   .   .

- 나는 훈련이 잘 되어 있는 사람이다.
- 나는 잘 단련되어 있다.
- 나는 온 우주가 사랑하는 순수 영혼이다.

_____

_____

_____

♥ 자신에게 힘이 되는 긍정의 말을 써 본다면?

_____

_____

♥ 지금 감사한 이유는?

_____라서 감사하다.

_____에도 불구하고 _____해서 감사하다.

_____가 있기 때문에 감사하다.

♥ 간절히 바라는 것 한 가지는?

_____

292일차

Date   .   .

- 나는 성숙한 성인 자아이다.
- 나의 내면 아이는 나와 함께 행복하다.
- 나는 삶의 흐름에 내 모든 것을 내맡긴다.

_____

_____

_____

♥ 자신에게 힘이 되는 긍정의 말을 써 본다면?

_____

_____

♥ 지금 감사한 이유는?

_____ 라서 감사하다.

_____ 에도 불구하고 _____ 해서 감사하다.

_____ 가 있기 때문에 감사하다.

♥ 간절히 바라는 것 한 가지는?

_____

293일차　　　　　　　　　*Date*　　．　　．

- 나는 항상 차분하게 말한다.
- 나는 어떤 상황에서도 내면의 고요함을 유지한다.
- 나는 선한 돈과 긍정의 사람들을 끌어당기는 초강력 자석이다.

♥ 자신에게 힘이 되는 긍정의 말을 써 본다면?

♥ 지금 감사한 이유는?

_____ 라서 감사하다.
_____ 에도 불구하고 _____ 해서 감사하다.
_____ 가 있기 때문에 감사하다.

♥ 간절히 바라는 것 한 가지는?

294일차　　　　　　　　Date　　.　　.

- 나는 뇌가 언제나 깨어 있다.
- 나는 내가 배운 모든 것을 잘 기억한다.
- 나는 목표를 아주 작은 단위로 나눈다.

_____

_____

_____

♥ **자신에게 힘이 되는 긍정의 말을 써 본다면?**

_____

_____

♥ **지금 감사한 이유는?**

_____ 라서 감사하다.

_____ 에도 불구하고 _____ 해서 감사하다.

_____ 가 있기 때문에 감사하다.

♥ **간절히 바라는 것 한 가지는?**

_____

295일차　　　　　　*Date*　　．　．

- 나는 목표를 실천하는 능력이 뛰어나다.
- 나는 매력이 넘치고 늘 밝고 즐겁다.
- 나는 돈이 나를 대신해서 일한다.

_____

_____

_____

♥ **자신에게 힘이 되는 긍정의 말을 써 본다면?**

_____

_____

♥ **지금 감사한 이유는?**

_____ 라서 감사하다.

_____ 에도 불구하고 _____ 해서 감사하다.

_____ 가 있기 때문에 감사하다.

♥ **간절히 바라는 것 한 가지는?**

_____

296일차　　　　　　　*Date*　　．　．

- 나는 시간이 나를 대신해서 일한다.
- 나는 자동화 수입이 여러 군데에서 들어와 감사하다.
- 나는 마스터 마인드의 사람들과 일한다.

_____

_____

_____

♥ 자신에게 힘이 되는 긍정의 말을 써 본다면?

_____

_____

♥ 지금 감사한 이유는?

_____ 라서 감사하다.

_____ 에도 불구하고 _____ 해서 감사하다.

_____ 가 있기 때문에 감사하다.

♥ 간절히 바라는 것 한 가지는?

_____

297일차　　　　　　*Date*　　.　　.

- 내 팀은 언제나 밝고 즐겁고 성공적이다.
- 우리 팀은 항상 팀워크가 좋고 행복하다.
- 나와 주위 사람들은 항상 웃고 미소 짓는다.

_____

_____

_____

♥ **자신에게 힘이 되는 긍정의 말을 써 본다면?**

_____

_____

♥ **지금 감사한 이유는?**

_____라서 감사하다.

_____ 에도 불구하고 _____ 해서 감사하다.

_____가 있기 때문에 감사하다.

♥ **간절히 바라는 것 한 가지는?**

_____

298일차

Date   .   .

- 나와 주변 사람들은 운이 매우 좋다.
- 나는 운이 좋은 사람이다.
- 나는 대운이 들어오는 사람이다.

_____

_____

_____

♥ **자신에게 힘이 되는 긍정의 말을 써 본다면?**

_____

_____

♥ **지금 감사한 이유는?**

_____라서 감사하다.

_____에도 불구하고 _____해서 감사하다.

_____가 있기 때문에 감사하다.

♥ **간절히 바라는 것 한 가지는?**

_____

## 299일차			Date	 .	 .

- 나는 매일 모든 면에서 운이 점점 더 좋아진다.
- 나는 정말 운이 좋다.
- 나는 대운이 내 삶을 지배하고 더 큰 운이 들어온다.

_____

_____

_____

♥ 자신에게 힘이 되는 긍정의 말을 써 본다면?

_____

_____

♥ 지금 감사한 이유는?

_____라서 감사하다.

_____ 에도 불구하고 _____ 해서 감사하다.

_____ 가 있기 때문에 감사하다.

♥ 간절히 바라는 것 한 가지는?

_____

300일차   Date   .   .

- 나는 지금 막 좋은 일이 생기기 시작했다.
- 나는 정말 재수가 좋은 사람이다.
- 나는 뭐든지 다 잘된다.

_____

_____

_____

♥ 자신에게 힘이 되는 긍정의 말을 써 본다면?

_____

_____

♥ 지금 감사한 이유는?

_____ 라서 감사하다.

_____ 에도 불구하고 _____ 해서 감사하다.

_____ 가 있기 때문에 감사하다.

♥ 간절히 바라는 것 한 가지는?

_____

301일차

- 된다, 된다, 나는 진짜 잘된다.
- 나는 평화, 조화, 웃음, 사랑의 운을 끌어당긴다.
- 나는 이미 성공했다.

_____

_____

_____

♥ **자신에게 힘이 되는 긍정의 말을 써 본다면?**

_____

_____

♥ **지금 감사한 이유는?**

_____라서 감사하다.

_____ 에도 불구하고 _____ 해서 감사하다.

_____ 가 있기 때문에 감사하다.

♥ **간절히 바라는 것 한 가지는?**

_____

302일차

Date   .   .

- 아침에 일어나서 숨을 쉬는 것을 성공으로 잡는다.
- 그러므로 나는 매 순간 성공한다.
- 나는 지금 나에게로 큰 운이 다가오고 있음을 느낀다.

_____

_____

_____

♥ 자신에게 힘이 되는 긍정의 말을 써 본다면?

_____

_____

♥ 지금 감사한 이유는?

_____ 라서 감사하다.

_____ 에도 불구하고 _____ 해서 감사하다.

_____ 가 있기 때문에 감사하다.

♥ 간절히 바라는 것 한 가지는?

_____

303일차   *Date*   .   .

- 나는 운이 좋은 사람이기에 세상에 존재하는 모든 좋은 운이 나에게 온다.
- 나는 최고의 선택을 한다.
- 나는 최고의 사람들을 만난다.

_____

_____

_____

♥ 자신에게 힘이 되는 긍정의 말을 써 본다면?

_____

_____

♥ 지금 감사한 이유는?

_____ 라서 감사하다.

_____ 에도 불구하고 _____ 해서 감사하다.

_____ 가 있기 때문에 감사하다.

♥ 간절히 바라는 것 한 가지는?

_____

304일차　　　　　　　　Date　　　．　　．

- 나는 최고의 사람들에게 코칭 받는다.
- 나는 최고가 되기 위해 태어났다.
- 그러므로 내 주변에는 최고만 있다.

_____

_____

_____

♥ 자신에게 힘이 되는 긍정의 말을 써 본다면?

_____

_____

♥ 지금 감사한 이유는?

_____라서 감사하다.

_____에도 불구하고 _____해서 감사하다.

_____가 있기 때문에 감사하다.

♥ 간절히 바라는 것 한 가지는?

_____

305일차　　　　　　　*Date*　　.　　.

- 나는 소중한 내 몸을 아끼고 사랑한다.
- 나는 엄청나다.
- 나는 체중을 적절히 유지한다.

_____

_____

_____

♥ 자신에게 힘이 되는 긍정의 말을 써 본다면?

_____

_____

♥ 지금 감사한 이유는?

_____ 라서 감사하다.

_____ 에도 불구하고 _____ 해서 감사하다.

_____ 가 있기 때문에 감사하다.

♥ 간절히 바라는 것 한 가지는?

_____

306일차　　　　　Date　　　.　　.

- 나는 건강한 몸매를 가지고 있다.
- 나는 절제를 잘한다.
- 나는 내 몸을 스스로 통제할 수 있다.

_____

_____

_____

♥ 자신에게 힘이 되는 긍정의 말을 써 본다면?

_____

_____

♥ 지금 감사한 이유는?

_____ 라서 감사하다.

_____ 에도 불구하고 _____ 해서 감사하다.

_____ 가 있기 때문에 감사하다.

♥ 간절히 바라는 것 한 가지는?

_____

307일차   *Date*   .   .

- 나는 자존감이 높다.
- 나는 가벼워진 몸을 가지고 있다.
- 나는 사람들과의 관계가 확장되고 있다.

_____

_____

_____

♥ 자신에게 힘이 되는 긍정의 말을 써 본다면?

_____

_____

♥ 지금 감사한 이유는?

_____ 라서 감사하다.

_____ 에도 불구하고 _____ 해서 감사하다.

_____ 가 있기 때문에 감사하다.

♥ 간절히 바라는 것 한 가지는?

_____

308일차　　　　　Date　　．　．

- 나는 동시성의 인연들을 많이 만난다.
- 나는 옷을 마음껏 살 수 있다.
- 나는 내 몸에 맞는 편안한 옷을 입는다.

_____

_____

_____

♥ 자신에게 힘이 되는 긍정의 말을 써 본다면?

_____

_____

♥ 지금 감사한 이유는?

_____ 라서 감사하다.

_____ 에도 불구하고 _____ 해서 감사하다.

_____ 가 있기 때문에 감사하다.

♥ 간절히 바라는 것 한 가지는?

_____

309일차 Date   .   .

- 나는 몸매가 멋지다.
- 나는 활동적이다.
- 나는 큰물에서 헤엄친다.

_____

_____

_____

♥ 자신에게 힘이 되는 긍정의 말을 써 본다면?

_____

_____

♥ 지금 감사한 이유는?

_____라서 감사하다.

_____에도 불구하고 _____해서 감사하다.

_____가 있기 때문에 감사하다.

♥ 간절히 바라는 것 한 가지는?

_____

310일차   *Date*   .   .

- 나는 새로운 차원의 문을 연다.
- 나는 점점 더 건강해진다.
- 나는 점점 더 행복해진다.

_____

_____

_____

♥ **자신에게 힘이 되는 긍정의 말을 써 본다면?**

_____

_____

♥ **지금 감사한 이유는?**

_____ 라서 감사하다.

_____ 에도 불구하고 _____ 해서 감사하다.

_____ 가 있기 때문에 감사하다.

♥ **간절히 바라는 것 한 가지는?**

_____

311일차 *Date*   .   .

- 나는 점점 더 사랑하게 된다.
- 나는 점점 더 깊은 사랑을 느낀다.
- 나는 무조건적인 사랑을 실천한다.

_____

_____

_____

♥ **자신에게 힘이 되는 긍정의 말을 써 본다면?**

_____

_____

♥ **지금 감사한 이유는?**

_____ 라서 감사하다.

_____ 에도 불구하고 _____ 해서 감사하다.

_____ 가 있기 때문에 감사하다.

♥ **간절히 바라는 것 한 가지는?**

_____

312일차　　　　　Date　　.　　.

- 나는 점점 더 풍요로워진다.
- 나는 점점 더 필요한 것을 다 얻는다.
- 나는 점차적으로 더 크게 성공한다.

_____

_____

_____

♥ 자신에게 힘이 되는 긍정의 말을 써 본다면?

_____

_____

♥ 지금 감사한 이유는?

_____ 라서 감사하다.

_____ 에도 불구하고 _____ 해서 감사하다.

_____ 가 있기 때문에 감사하다.

♥ 간절히 바라는 것 한 가지는?

_____

313일차   *Date*   .   .

- 나는 필요한 것을 모두 다 가진다.
- 내가 필요한 것은 요구하기도 전에 이루어진다.
- 나는 매일 몸이 젊어진다.

_____

_____

_____

♥ 자신에게 힘이 되는 긍정의 말을 써 본다면?

_____

_____

♥ 지금 감사한 이유는?

_____ 라서 감사하다.

_____ 에도 불구하고 _____ 해서 감사하다.

_____ 가 있기 때문에 감사하다.

♥ 간절히 바라는 것 한 가지는?

_____

314일차　　　　　*Date*　　.　　.

- 동시성이 늘 일어난다.
- 나에게는 좋은 동시성이 나타난다.
- 나는 동시성의 뜻을 알아차린다.

_____

_____

_____

♥ 자신에게 힘이 되는 긍정의 말을 써 본다면?

_____

_____

♥ 지금 감사한 이유는?

_____ 라서 감사하다.

_____ 에도 불구하고 _____ 해서 감사하다.

_____ 가 있기 때문에 감사하다.

♥ 간절히 바라는 것 한 가지는?

_____

315일차   *Date*   .   .

- 나는 인식한다.
- 나는 존재한다.
- 나는 매일 더 온전하다고 느낀다.

_____

_____

_____

♥ **자신에게 힘이 되는 긍정의 말을 써 본다면?**

_____

_____

♥ **지금 감사한 이유는?**

_____라서 감사하다.

_____ 에도 불구하고 _____해서 감사하다.

_____가 있기 때문에 감사하다.

♥ **간절히 바라는 것 한 가지는?**

_____

316일차 　　　　　Date 　.　.

- 나는 면역체계가 더 강해진다.
- 나는 100조 개의 나의 세포를 자연 치유한다.
- 나는 매일 더 용기 있게 살아간다.

_____
_____
_____

♥ **자신에게 힘이 되는 긍정의 말을 써 본다면?**

_____
_____

♥ **지금 감사한 이유는?**

_____라서 감사하다.
_____에도 불구하고 _____해서 감사하다.
_____가 있기 때문에 감사하다.

♥ **간절히 바라는 것 한 가지는?**

_____

317일차

- 나는 뭐든지 할 수 있다.
- 나는 타고난 천재다.
- 우리는 모두 천재로 태어났다.

_____

_____

_____

♥ 자신에게 힘이 되는 긍정의 말을 써 본다면?

_____

_____

♥ 지금 감사한 이유는?

_____라서 감사하다.

_____에도 불구하고 _____해서 감사하다.

_____가 있기 때문에 감사하다.

♥ 간절히 바라는 것 한 가지는?

_____

318일차   Date   .   .

- 나는 내 안과 주변의 힘을 자각한다.
- 나는 감정과 나를 동일시하는 것에서 빠져나온다.
- 나는 나를 믿는다.

_____

_____

_____

♥ 자신에게 힘이 되는 긍정의 말을 써 본다면?

_____

_____

♥ 지금 감사한 이유는?

_____라서 감사하다.

_____에도 불구하고 _____해서 감사하다.

_____가 있기 때문에 감사하다.

♥ 간절히 바라는 것 한 가지는?

_____

319일차　　　　　　　　　*Date*　　　．　　．

- 나는 나 자신을 믿는다.
- 나는 미지의 세계로 들어간다.
- 나는 거절을 즐긴다.

_____

_____

_____

♥ 자신에게 힘이 되는 긍정의 말을 써 본다면?

_____

_____

♥ 지금 감사한 이유는?

_____ 라서 감사하다.

_____ 에도 불구하고 _____ 해서 감사하다.

_____ 가 있기 때문에 감사하다.

♥ 간절히 바라는 것 한 가지는?

_____

320일차

- 나는 풍요 파워 하우스다.
- 나는 내가 바라는 돈의 액수와 하나다.
- 나는 돈을 쉽고 애씀 없이 끌어당긴다.

___

♥ 자신에게 힘이 되는 긍정의 말을 써 본다면?

___

♥ 지금 감사한 이유는?

_____ 라서 감사하다.

_____ 에도 불구하고 _____ 해서 감사하다.

_____ 가 있기 때문에 감사하다.

♥ 간절히 바라는 것 한 가지는?

321일차　　　　　　　　*Date*　　.　　.

- 나는 돈을 자연스럽게 끌어온다.
- 나는 항상 나가는 돈보다 들어오는 돈이 더 많다.
- 나는 부유해지기로 예정되어 있다.

_____

_____

_____

♥ 자신에게 힘이 되는 긍정의 말을 써 본다면?

_____

_____

♥ 지금 감사한 이유는?

_____ 라서 감사하다.

_____ 에도 불구하고 _____ 해서 감사하다.

_____ 가 있기 때문에 감사하다.

♥ 간절히 바라는 것 한 가지는?

_____

322일차

- 돈은 에너지다.
- 나도 에너지다.
- 그러므로 나는 돈이다.

___

___

___

♥ 자신에게 힘이 되는 긍정의 말을 써 본다면?

___

___

♥ 지금 감사한 이유는?

_____라서 감사하다.

_____에도 불구하고 _____해서 감사하다.

_____가 있기 때문에 감사하다.

♥ 간절히 바라는 것 한 가지는?

___

323일차   *Date*   .   .

- 나의 가치는 최상이다.
- 나는 최고의 것만을 다룬다.
- 나는 최고와 거래한다.

_____

_____

_____

♥ 자신에게 힘이 되는 긍정의 말을 써 본다면?

_____

_____

♥ 지금 감사한 이유는?

_____ 라서 감사하다.

_____ 에도 불구하고 _____ 해서 감사하다.

_____ 가 있기 때문에 감사하다.

♥ 간절히 바라는 것 한 가지는?

_____

324일차

- 나는 최고와 일한다.
- 나는 전례 없는 기적이다.
- 나는 기적이다.

♥ 자신에게 힘이 되는 긍정의 말을 써 본다면?

♥ 지금 감사한 이유는?

_____라서 감사하다.
_____에도 불구하고 _____해서 감사하다.
_____가 있기 때문에 감사하다.

♥ 간절히 바라는 것 한 가지는?

325일차　　　　　　　*Date*　　　．　　．

- 나는 나를 인정한다.
- 나는 역사상 가장 큰 행운이다.
- 나는 미래에서 산다.

_____

_____

_____

♥ 자신에게 힘이 되는 긍정의 말을 써 본다면?

_____

_____

♥ 지금 감사한 이유는?

_____ 라서 감사하다.

_____ 에도 불구하고 _____ 해서 감사하다.

_____ 가 있기 때문에 감사하다.

♥ 간절히 바라는 것 한 가지는?

_____

326일차   Date   .   .

- 나는 지금 행복하다.
- 나는 지금 이 순간을 산다.
- 나는 온전히 하루를 연소한다.

_____

_____

_____

♥ 자신에게 힘이 되는 긍정의 말을 써 본다면?

_____

_____

♥ 지금 감사한 이유는?

_____라서 감사하다.

_____에도 불구하고 _____해서 감사하다.

_____가 있기 때문에 감사하다.

♥ 간절히 바라는 것 한 가지는?

_____

327일차   Date   .   .

- 나는 마음을 이용한다.
- 나는 긍정한다.
- 나는 행복하다.

_____

_____

_____

♥ 자신에게 힘이 되는 긍정의 말을 써 본다면?

_____

_____

♥ 지금 감사한 이유는?

_____ 라서 감사하다.

_____ 에도 불구하고 _____ 해서 감사하다.

_____ 가 있기 때문에 감사하다.

♥ 간절히 바라는 것 한 가지는?

_____

328일차

Date   .   .

- 나는 감사하다.
- 나는 기쁨을 느낀다.
- 나는 강한 감정을 느낀다.

_____

_____

_____

♥ 자신에게 힘이 되는 긍정의 말을 써 본다면?

_____

_____

♥ 지금 감사한 이유는?

_____라서 감사하다.

_____에도 불구하고 _____해서 감사하다.

_____가 있기 때문에 감사하다.

♥ 간절히 바라는 것 한 가지는?

_____

329일차   *Date*   .   .

- 오직 내 마음속에 심는 생각의 씨앗은 긍정이다.
- 나는 내 마음과 몸에 잠식하고 있는 부정성을 태운다.
- 나는 대단히 겸손한 자세를 취한다.

_____

_____

_____

♥ 자신에게 힘이 되는 긍정의 말을 써 본다면?

_____

_____

♥ 지금 감사한 이유는?

_____ 라서 감사하다.

_____ 에도 불구하고 _____ 해서 감사하다.

_____ 가 있기 때문에 감사하다.

♥ 간절히 바라는 것 한 가지는?

_____

330일차   Date   .   .

- 나는 위험을 감수한다.
- 나는 안전 영역에서 나온다.
- 나는 믿기 힘든 일을 해낸다.

_____

_____

_____

♥ 자신에게 힘이 되는 긍정의 말을 써 본다면?

_____

_____

♥ 지금 감사한 이유는?

_____ 라서 감사하다.

_____ 에도 불구하고 _____ 해서 감사하다.

_____ 가 있기 때문에 감사하다.

♥ 간절히 바라는 것 한 가지는?

_____

331일차 *Date*   .   .

- 나는 좋은 사람들과 일한다.
- 나는 여러 사람들과 함께 한다.
- 나는 미래 융합형 인재다.

♥ 자신에게 힘이 되는 긍정의 말을 써 본다면?

♥ 지금 감사한 이유는?

_____ 라서 감사하다.

_____ 에도 불구하고 _____ 해서 감사하다.

_____ 가 있기 때문에 감사하다.

♥ 간절히 바라는 것 한 가지는?

332일차

Date   .   .

- 나는 고객들이 진정으로 원하는 것을 찾는다.
- 나는 내 인생을 산다.
- 나는 모든 관계에서 배운다.

_____

_____

_____

♥ 자신에게 힘이 되는 긍정의 말을 써 본다면?

_____

_____

♥ 지금 감사한 이유는?

_____ 라서 감사하다.

_____ 에도 불구하고 _____ 해서 감사하다.

_____ 가 있기 때문에 감사하다.

♥ 간절히 바라는 것 한 가지는?

_____

333일차   *Date*   .   .

- 나는 가치 있는 것에 집중한다.
- 나는 이 세상을 떠날 때 진심으로 행복하게 매 순간을 잘 살았다고 말할 수 있다.
- 나는 진짜 내 인생을 산다.

_____

_____

_____

♥ 자신에게 힘이 되는 긍정의 말을 써 본다면?

_____

_____

♥ 지금 감사한 이유는?

_____ 라서 감사하다.

_____ 에도 불구하고 _____ 해서 감사하다.

_____ 가 있기 때문에 감사하다.

♥ 간절히 바라는 것 한 가지는?

_____

334일차

- 나는 명품 인생을 창조하기 위해 이 세상에 왔다.
- 나는 내 인생을 만드는 장인 정신으로 삶을 한 땀 한 땀 바느질한다.
- 나는 그 바느질로 인해서 내 삶을 멋진 작품으로 만든다.

_____

_____

_____

♥ 자신에게 힘이 되는 긍정의 말을 써 본다면?

_____

_____

♥ 지금 감사한 이유는?

_____ 라서 감사하다.

_____ 에도 불구하고 _____ 해서 감사하다.

_____ 가 있기 때문에 감사하다.

♥ 간절히 바라는 것 한 가지는?

_____

335일차　　　　*Date*　　.　　.

- 나는 내 세상에 대해 가장 많이 아는 사람이다.
- 나는 나보다 앞선 사람들에게서 배운다.
- 나에게는 시간이 충분히 주어진다.

_____

_____

_____

♥ **자신에게 힘이 되는 긍정의 말을 써 본다면?**

_____

_____

♥ **지금 감사한 이유는?**

_____ 라서 감사하다.

_____ 에도 불구하고 _____ 해서 감사하다.

_____ 가 있기 때문에 감사하다.

♥ **간절히 바라는 것 한 가지는?**

_____

336일차　　　　　Date　　．　．

- 나는 이 세상 누구보다도 나를 사랑한다.
- 나는 광적으로 인정받고자 하는 내 욕구를 놓아준다.
- 나는 욕심과 집착이 없는 자유로운 상태다.

_____

_____

_____

♥ 자신에게 힘이 되는 긍정의 말을 써 본다면?

_____

_____

♥ 지금 감사한 이유는?

_____ 라서 감사하다.

_____ 에도 불구하고 _____ 해서 감사하다.

_____ 가 있기 때문에 감사하다.

♥ 간절히 바라는 것 한 가지는?

_____

337일차

- 나는 대자연의 장엄함을 느낀다.
- 나는 지혜롭고 자비롭다.
- 나는 변함없이 고요하고 원만하다.

♥ 자신에게 힘이 되는 긍정의 말을 써 본다면?

♥ 지금 감사한 이유는?

_____ 라서 감사하다.

_____ 에도 불구하고 _____ 해서 감사하다.

_____ 가 있기 때문에 감사하다.

♥ 간절히 바라는 것 한 가지는?

338일차

- 나는 참 나를 의지한다.
- 사람으로 태어나서 이 땅에 살 수 있는 행운에 감사하다.
- 나는 몸과 마음이 건강하다.

♥ **자신에게 힘이 되는 긍정의 말을 써 본다면?**

♥ **지금 감사한 이유는?**

_____ 라서 감사하다.

_____ 에도 불구하고 _____ 해서 감사하다.

_____ 가 있기 때문에 감사하다.

♥ **간절히 바라는 것 한 가지는?**

339일차　　　　　　　*Date*　　．　．

- 나는 살아서 숨쉬는 거룩함에 감사한다.
- 나는 말하고 행동하고 생각할 줄 아는 자신에게 감사한다.
- 나는 정성으로 길러주신 부모님께 감사한다.

♥ 자신에게 힘이 되는 긍정의 말을 써 본다면?

♥ 지금 감사한 이유는?

_____라서 감사하다.

_____에도 불구하고 _____해서 감사하다.

_____가 있기 때문에 감사하다.

♥ 간절히 바라는 것 한 가지는?

340일차　　　　　Date　　　．　．

- 나는 같이 이 세상을 살아가는 주변 이웃들에게 감사한다.
- 나는 진리를 추구해 감사하다.
- 나는 할 수 있다.

_____

_____

_____

♥ 자신에게 힘이 되는 긍정의 말을 써 본다면?

_____

_____

♥ 지금 감사한 이유는?

_____라서 감사하다.

_____에도 불구하고 _____해서 감사하다.

_____가 있기 때문에 감사하다.

♥ 간절히 바라는 것 한 가지는?

_____

341일차   *Date*   .   .

- 나는 함께 바라봐 주는 동반자가 있어 감사하다.
- 나는 살아가는 힘과 용기가 되는 자손이 있음에 감사하다.
- 나는 깊은 인연으로 맺어진 형제자매 친지들에게 감사하다.

♥ **자신에게 힘이 되는 긍정의 말을 써 본다면?**

♥ **지금 감사한 이유는?**

_____ 라서 감사하다.

_____ 에도 불구하고 _____ 해서 감사하다.

_____ 가 있기 때문에 감사하다.

♥ **간절히 바라는 것 한 가지는?**

342일차　　　　　Date　　.　　.

- 나는 마음을 닦는 공부를 지속해 감사하다.
- 나는 나눠주고 베풀 줄 아는 사람이다.
- 나는 음식을 나눌 수 있는 넉넉한 사람이다.

_____

_____

_____

♥ **자신에게 힘이 되는 긍정의 말을 써 본다면?**

_____

_____

♥ **지금 감사한 이유는?**

_____라서 감사하다.

_____에도 불구하고 _____해서 감사하다.

_____가 있기 때문에 감사하다.

♥ **간절히 바라는 것 한 가지는?**

_____

343일차　　　　　Date　　．　．

- 나는 편안하게 쉴 수 있는 주거 공간에 감사한다.
- 나는 부에 대해 열린 마음을 가지고 있다.
- 나는 부의 무한한 근원이다.

_____

_____

_____

♥ **자신에게 힘이 되는 긍정의 말을 써 본다면?**

_____

_____

♥ **지금 감사한 이유는?**

_____ 라서 감사하다.

_____ 에도 불구하고 _____ 해서 감사하다.

_____ 가 있기 때문에 감사하다.

♥ **간절히 바라는 것 한 가지는?**

_____

344일차

Date . .

- 나는 풍요로운 삶을 산다.
- 나는 행복, 성공, 번영이라는 과일을 얻는다.
- 나는 내 앞날이 아름답고, 행복하고, 보다 풍족하고 보다 고귀하다는 걸 안다.

_____

_____

_____

♥ 자신에게 힘이 되는 긍정의 말을 써 본다면?

_____

_____

♥ 지금 감사한 이유는?

_____ 라서 감사하다.

_____ 에도 불구하고 _____ 해서 감사하다.

_____ 가 있기 때문에 감사하다.

♥ 간절히 바라는 것 한 가지는?

_____

345일차   *Date*   .   .

- 돈은 부의 상징이다.
- 돈은 아주 좋은 것이다.
- 나는 돈을 현명하게 사용한다.

_____

_____

_____

♥ **자신에게 힘이 되는 긍정의 말을 써 본다면?**

_____

_____

♥ **지금 감사한 이유는?**

_____ 라서 감사하다.

_____ 에도 불구하고 _____ 해서 감사하다.

_____ 가 있기 때문에 감사하다.

♥ **간절히 바라는 것 한 가지는?**

_____

346일차

- 나는 건설적으로 돈을 번다.
- 나는 돈을 사람들에게 가치를 더하는 방법으로 쓴다.
- 나는 돈이 풍부하게 유통되는 것을 기뻐한다.

_____

_____

_____

♥ **자신에게 힘이 되는 긍정의 말을 써 본다면?**

_____

_____

♥ **지금 감사한 이유는?**

_____ 라서 감사하다.

_____ 에도 불구하고 _____ 해서 감사하다.

_____ 가 있기 때문에 감사하다.

♥ **간절히 바라는 것 한 가지는?**

_____

347일차

- 나는 무한한 부의 근원을 인정한다.
- 하늘의 무한한 공간처럼 부는 언제나 넘친다.
- 나는 부를 좋은 일에만 사용한다.

♥ 자신에게 힘이 되는 긍정의 말을 써 본다면?

♥ 지금 감사한 이유는?

_____ 라서 감사하다.

_____ 에도 불구하고 _____ 해서 감사하다.

_____ 가 있기 때문에 감사하다.

♥ 간절히 바라는 것 한 가지는?

348일차　　　　　　　　　Date　　．　．

- 나는 이런 넘치는 부를 주신 신에게 감사한다.
- 나는 나의 부를 사람들에게 행복을 주기 위해 사용한다.
- 나는 성장을 위한 나와의 약속을 지킨다.

_____

_____

_____

♥ **자신에게 힘이 되는 긍정의 말을 써 본다면?**

_____

_____

♥ **지금 감사한 이유는?**

_____ 라서 감사하다.

_____ 에도 불구하고 _____ 해서 감사하다.

_____ 가 있기 때문에 감사하다.

♥ **간절히 바라는 것 한 가지는?**

_____

349일차　　　　　　　　*Date*　　　　．　　．

- 나는 멈출 수 없는 자신감이 있다.
- 나는 그 누구보다 자신감이 넘친다.
- 나는 오늘도 사람들에게 따뜻한 미소와 말을 건넨다.

_____

_____

_____

♥ **자신에게 힘이 되는 긍정의 말을 써 본다면?**

_____

_____

♥ **지금 감사한 이유는?**

_____라서 감사하다.

_____ 에도 불구하고 _____ 해서 감사하다.

_____가 있기 때문에 감사하다.

♥ **간절히 바라는 것 한 가지는?**

_____

350일차 　　　　　　　　　　　*Date*　　　.　　.

- 나는 오늘은 미소와 웃음과 행복으로 채색하리라.
- 나는 오늘 사랑을 실천하리라.
- 나는 뭐든지 행복하게 행동하리라.

_____

_____

_____

♥ 자신에게 힘이 되는 긍정의 말을 써 본다면?

_____

_____

♥ 지금 감사한 이유는?

_____ 라서 감사하다.

_____ 에도 불구하고 _____ 해서 감사하다.

_____ 가 있기 때문에 감사하다.

♥ 간절히 바라는 것 한 가지는?

_____

351일차

- 나는 신의 힘있는 창조물이다.
- 나는 내가 지금까지 받은 축복에 감사한다.
- 나는 무엇이든 가능하게 만든다.

_____

_____

_____

♥ 자신에게 힘이 되는 긍정의 말을 써 본다면?

_____

_____

♥ 지금 감사한 이유는?

_____ 라서 감사하다.

_____ 에도 불구하고 _____ 해서 감사하다.

_____ 가 있기 때문에 감사하다.

♥ 간절히 바라는 것 한 가지는?

_____

352일차   Date   .   .

- 나는 영감이 떠오르면 즉시 행동한다.
- 나에게 오는 모든 것은 유익한 일들이다.
- 나는 지금부터 일어나는 모든 일이 좋은 것이라 생각한다.

_____

_____

_____

♥ 자신에게 힘이 되는 긍정의 말을 써 본다면?

_____

_____

♥ 지금 감사한 이유는?

_____ 라서 감사하다.

_____ 에도 불구하고 _____ 해서 감사하다.

_____ 가 있기 때문에 감사하다.

♥ 간절히 바라는 것 한 가지는?

_____

353일차　　　　　　　　　　*Date*　　.　　.

- 나는 할 수 있다.
- 나는 성공한 사람이다.
- 나는 어딜 가든 환영받는다.

_____

_____

_____

♥ **자신에게 힘이 되는 긍정의 말을 써 본다면?**

_____

_____

♥ **지금 감사한 이유는?**

_____ 라서 감사하다.

_____ 에도 불구하고 _____ 해서 감사하다.

_____ 가 있기 때문에 감사하다.

♥ **간절히 바라는 것 한 가지는?**

_____

354일차   *Date*   .   .

- 나에게는 모든 것이 쉽고, 편안하게, 애씀 없이, 긍정적으로 건강하게 온다.
- 나는 모든 사람들의 선을 위해 내 꿈을 이룬다.
- 나는 내 시간을 온전하고 자유롭게 쓸 수 있다.

_____

_____

_____

♥ **자신에게 힘이 되는 긍정의 말을 써 본다면?**

_____

_____

♥ **지금 감사한 이유는?**

_____ 라서 감사하다.

_____ 에도 불구하고 _____ 해서 감사하다.

_____ 가 있기 때문에 감사하다.

♥ **간절히 바라는 것 한 가지는?**

_____

355일차   *Date*   .   .

- 모든 것은 완벽한 시간과 공간에서 최고의 사람을 통해 온다.
- 나는 사랑을 주고받을 자격이 충분해서 감사한다.
- 나는 가능하다. 된다. 된다. 나는 된다.

♥ 자신에게 힘이 되는 긍정의 말을 써 본다면?

♥ 지금 감사한 이유는?

_____ 라서 감사하다.

_____ 에도 불구하고 _____ 해서 감사하다.

_____ 가 있기 때문에 감사하다.

♥ 간절히 바라는 것 한 가지는?

356일차

Date . .

- 나는 내 안의 능력이 무한하다는 것을 안다.
- 나는 무한지성의 힘을 믿는다.
- 나는 내 안에 나보다 훨씬 더 위대한 존재를 느낀다.

_____

_____

_____

♥ **자신에게 힘이 되는 긍정의 말을 써 본다면?**

_____

_____

♥ **지금 감사한 이유는?**

_____라서 감사하다.

_____ 에도 불구하고 _____ 해서 감사하다.

_____ 가 있기 때문에 감사하다.

♥ **간절히 바라는 것 한 가지는?**

_____

357일차   *Date*   .   .

- 나는 뭐든지 다 즐겁고, 기쁘고, 감사한 마음으로 해낼 수 있다.
- 나는 내 앞에 놓인 행운의 기회들을 완벽한 타이밍과 순서대로 잡는다.
- 나는 중도와 중용, 균형과 조화를 이룬다.

_____

_____

_____

♥ 자신에게 힘이 되는 긍정의 말을 써 본다면?

_____

_____

♥ 지금 감사한 이유는?

_____ 라서 감사하다.

_____ 에도 불구하고 _____ 해서 감사하다.

_____ 가 있기 때문에 감사하다.

♥ 간절히 바라는 것 한 가지는?

_____

358일차　　　　　　　*Date*　　．　．

- 나는 내가 나를 위해 만든 모든 것을 사랑한다.
- 나는 창조적 상상력이 뛰어나다.
- 나는 무엇이든 만들 수 있다.

_____
_____
_____

♥ 자신에게 힘이 되는 긍정의 말을 써 본다면?

_____
_____

♥ 지금 감사한 이유는?

_____ 라서 감사하다.
_____ 에도 불구하고 _____ 해서 감사하다.
_____ 가 있기 때문에 감사하다.

♥ 간절히 바라는 것 한 가지는?

_____

359일차

- 나는 나를 있는 그대로 온전히 사랑한다.
- 나는 나를 지금 모습 그대로 인정한다.
- 나는 내가 어디에 있든지 나를 믿고 지지한다.

_____

_____

_____

♥ 자신에게 힘이 되는 긍정의 말을 써 본다면?

_____

_____

♥ 지금 감사한 이유는?

_____ 라서 감사하다.

_____ 에도 불구하고 _____ 해서 감사하다.

_____ 가 있기 때문에 감사하다.

♥ 간절히 바라는 것 한 가지는?

_____

360일차 Date   .   .

- 나는 가슴속 깊이 이미 존재하는 사랑을 느낀다.
- 나는 사랑이 나를 치유한다는 것을 안다.
- 나는 과거와 현재에 창조한 모든 경험을 받아들인다.

_____

_____

_____

♥ **자신에게 힘이 되는 긍정의 말을 써 본다면?**

_____

_____

♥ **지금 감사한 이유는?**

_____ 라서 감사하다.

_____ 에도 불구하고 _____ 해서 감사하다.

_____ 가 있기 때문에 감사하다.

♥ **간절히 바라는 것 한 가지는?**

_____

361일차　　　　　　　　*Date*　　.　　.

- 나는 멋진 미래가 나타나는 것을 기꺼이 허용한다.
- 나는 신성한 삶의 감동적인 표현이다.
- 나는 최상의 것들을 받을 가치가 있다.

♥ 자신에게 힘이 되는 긍정의 말을 써 본다면?

♥ 지금 감사한 이유는?

　　　　　　　　　　　　　　　　　　　　　라서 감사하다.

　　　　　　　에도 불구하고　　　　　　　해서 감사하다.

　　　　　　　　　　　　　　　가 있기 때문에 감사하다.

♥ 간절히 바라는 것 한 가지는?

362일차

- 나는 기적을 받아들인다.
- 나는 무엇보다도 먼저 나를 받아들인다.
- 나는 소중한 존재다.

_____

_____

_____

♥ **자신에게 힘이 되는 긍정의 말을 써 본다면?**

_____

_____

♥ **지금 감사한 이유는?**

_____라서 감사하다.

_____ 에도 불구하고 _____ 해서 감사하다.

_____ 가 있기 때문에 감사하다.

♥ **간절히 바라는 것 한 가지는?**

_____

363일차　　　　　　　　*Date*　　.　　.

- 나는 내가 될 수 있는 축복을 나에게 준다.
- 나는 나 자신을 존중한다.
- 나는 나를 소중히 대하므로 자존감도 높다.

_____

_____

_____

♥ **자신에게 힘이 되는 긍정의 말을 써 본다면?**

_____

_____

♥ **지금 감사한 이유는?**

_____ 라서 감사하다.

_____ 에도 불구하고 _____ 해서 감사하다.

_____ 가 있기 때문에 감사하다.

♥ **간절히 바라는 것 한 가지는?**

_____

364일차　　　　　Date　　．　．

- 내 삶은 하루하루가 멋진 경험이다.
- 나는 새로운 순간이 가져다주는 좋은 것들을 기대한다.
- 삶은 모든 가능한 방법으로 나를 지지하고 도와준다.

_____

_____

_____

♥ 자신에게 힘이 되는 긍정의 말을 써 본다면?

_____

_____

♥ 지금 감사한 이유는?

_____라서 감사하다.

_____에도 불구하고 _____해서 감사하다.

_____가 있기 때문에 감사하다.

♥ 간절히 바라는 것 한 가지는?

_____

365일차

- 나는 내가 받기를 바라는 것만을 준다.
- 다른 사람을 사랑하고 인정하는 것은 나에게 돌아온다.
- 내가 어디에 있든, 무한한 행복, 무한한 지혜, 무한한 조화, 무한한 사랑만이 존재한다.

_____

_____

_____

♥ 자신에게 힘이 되는 긍정의 말을 써 본다면?

_____

_____

♥ 지금 감사한 이유는?

_____ 라서 감사하다.
_____ 에도 불구하고 _____ 해서 감사하다.
_____ 가 있기 때문에 감사하다.

♥ 간절히 바라는 것 한 가지는?

_____

결론

Date   .   .

- 모든 것이 다 좋다.
- 모든 일이 잘 되고 있다.
- 나는 안전하다.
- 모든 것은 나의 최상의 선을 위해 일어나고 있다.
- 이 상황에서 좋은 것만이 주어진다는 것을 안다.

1년 동안 알게 된 점, 새로 배운 점, 자아성찰

나만의 긍정 확언 4일 만들기

366일차　　　　　　　　Date　　.　　.

-
-
-

367일차　　　　　　　　Date　　.　　.

-
-
-

368일차　　　　　　　　Date　　.　　.

-
-
-

369일차　　　　　　　　　*Date*　　　．　．

-
-
-

　　　　　　　　　　　　　계속 이어가시길...

EPILOGUE

나의 스승인 루이스 헤이는 하루도 빠짐없이 이 책을 읽고, 쓰고, 또 읽고, 쓰고를 평생 반복했다. 긍정 확언을 손으로 쓰는 작업은 잠재의식을 바꾸는 가장 빠르고 쉬운 길이다. 하루 1~3분 정도의 시간을 내어 이 책에 있는 긍정 말투와 감사한 점들과 간절히 바라는 소원을 1년간 쓴다면 여러분의 삶에 놀라운 기적의 선물들이 도착해 있을 것이다.

루이스 헤이는 언제나 이렇게 말했다.
"나는 하루도 빠짐없이 매일 감사를 전한답니다. 마트에 갈 때에 운전하면서도 앞을 볼 수 있는 눈이 있다는 사실에 진심으로 감사하지요. 그렇게 감사의 감정을 깊이 느끼면 감사할 일들이 계속 생긴답니다."

평생 감사를 실천하다 삶을 온전히 다 누리고 간 스승의 임종은 확언대로 아주 평화롭고 평온하며 이 세상에서 가장 큰 등불이 되셨다. 지구의 영적인 성장을 위해 공헌하고 있는 오프라 윈프리도 "감사는 그 자체로 에너지장을 가지고 있다"고 말한다. 하루도 빠지지 않고 자기 전이나 아침에 일어나서 감사한 일들을 3개 이상 쓰는 전 세계의 여성 지도자도 감사를 삶의 은총으로 꼽는다. 더 많이 감사할수록 그만큼 더 큰 은총을 받는다는, 누구나 인정하는 성공자의 말을 그대로 실천하는 여러분은 진정한 승리자다.

필자는 매일 루이스 헤이 확언을 새벽 3시에 일어나서 쓰고, 읽고, 외우고, 번역하면서 삶이 놀라보게 달라지는 기적을 경험하고 있다. 이 책은 루이스 헤이와 기타 성공한 행복한 풍요 부자들의 긍정 에너지인 긍정의 말투로 가득하다. 감사할 일이나 속상한 일이 생겼을 때 여러분은 감정을 표현하기 위해 이 책을 펼칠 것이다. 어느새 365일을 훌쩍 지나서 369일이라는 날이 되었을 때 자신에게 줄 수 있는 최고의 선물로 꼭 보상하도록 하자. 끝까지 포기하지 않고 자신의 역사를 기록한 이 책을 스스로에게 선물하는 것은 가슴 설레는 일이 될 것이다.

딱 1년만 말투를 바꿔 보자
369일 긍정 확언

초판 1쇄 인쇄 2021년 5월 18일
초판 7쇄 발행 2023년 7월 7일

지은이 엄남미
디자인 고은아
발행인 엄남미
발행처 케이미라클모닝

등 록 2021년 4월 8일 제2021-000020호
주 소 서울 동대문구 전농로 16길 51, 102-604
이메일 kmiraclemorning@naver.com
전 화 070-8771-2052
홈페이지 http://cafe.naver.com/koreamiraclemorning

값 15,000원
ISBN 979-11-974595-0-4 03110

* 잘못된 책은 구입하신 서점에서 바꾸어 드립니다.
* 이 책은 저작권법에 따라 보호받는 저작물이므로 무단전재 및 복제를 금합니다.
* 케이미라클모닝 출판사는 여러분의 소중한 원고를 기다리고 있습니다.